45448

Manuel des Patrons et Ouvriers

JUSTICIABLES

DES CONSEILS DE PRUD'HOMMES

DU DÉPARTEMENT DE LA SEINE

ET SPÉCIALEMENT DU CONSEIL DE PRUD'HOMMES

POUR LES

Industries diverses

PAR

P.-G. TOUSSAINT

Commis-Secrétaire de ce dernier Conseil.

PARIS

CHEZ BONAVENTURE ET DUCESSOIS, 55, QUAI DES AUGUSTINS

Et chez le Concierge de l'hôtel des Prud'hommes
12, rue de la Douane.

1851

Paris.—Imprimerie Bonaventure et Ducessois,
55, quai des Grands-Augustins.

A Messieurs

LES MEMBRES DU CONSEIL DE PRUD'HOMMES

Du département de la Seine

Pour les Industries diverses.

———

MESSIEURS,

Composé en grande partie de vos propres décisions ou de décisions d'autres Conseils que vous avez adoptées, je crois devoir vous dédier un livre que je publie surtout dans l'intention de faire connaître davantage la paternelle institution des Prud'hommes. Je désire que vous voyiez dans cette publication les bonnes intentions qui m'ont guidé, comme je désire aussi que les patrons et les ouvriers y voient une nouvelle preuve de mon dévouement aux saintes causes de l'industrie et du travail. Vous les avez toujours regardées et au besoin défendues comme ne faisant qu'une seule cause. Puisse la publication de ce petit livre être un nouveau jalon planté sur la route qui doit conduire à leur intime union !

Recevez, Messieurs, la nouvelle assurance de mon dévouement et de mon respect.

G. TOUSSAINT.

PRÉFACE.

—

S'il y avait quelque mérite à avoir entrepris le livre que je publie, je ne pourrais réclamer que celui d'avoir recueilli de nombreux renseignements de patrons et d'ouvriers, sur les usages des différents ateliers et fabriques, et d'avoir coordonné une grande quantité de matériaux puisés dans les ouvrages de MM. Mollot, Hippolyte Dieu, etc., dans les décisions des divers Conseils de Prud'hommes, et dans les arrêts et jugements des Cours et Tribunaux.

Cet ouvrage n'est donc que le résumé de tout ce qui m'a paru utile à connaître par les patrons et les ouvriers, dans leurs rapports réciproques, et à consulter lorsqu'ils appellent ou qu'ils sont appelés devant un Conseil de Prud'hommes.

Comme ce n'est qu'un essai que je m'efforcerai tous les jours à rendre moins incomplet, je recevrai avec plaisir verbalement ou par lettre affranchie de nouveaux renseignements. Ce sera pour moi un devoir de faire toutes les additions et rectifications nécessaires, soit dans un supplément, soit dans une nouvelle édition.

Je ne me dissimule pas que les prix de journée et de façon insérés dans ce livre pourront être regardés par quelques personnes comme des prix absolus; je dois dire que ce ne sont que des indications, des renseignements, avant lesquels passent les conventions, les règlements et les tarifs reconnus.

Conseils de Prud'hommes

POUR LE DÉPARTEMENT DE LA SEINE.

CONSEIL DES MÉTAUX

ET DES INDUSTRIES QUI S'Y RATTACHENT.

1re *Catégorie.*—Mécaniciens, constructeurs de machines, fondeurs et fabricants de grosse chaudronnerie, entrepreneurs de serrurerie et carrossiers, etc.

2e—Orfèvres, fabricants de plaqué, fabricants de bijouterie fine ou fausse, etc.

3e—Fabricants d'instruments de précision et d'optique, d'instruments de musique, d'horlogerie, etc.

4e—Fabricants de bronze, ciseleurs, doreurs, estampeurs, fabricants de lampisterie et ferblanterie, etc.

5e—Fabricants d'armes, d'instruments de chirurgie, coutellerie, etc.

Bureau général, le jeudi à midi.

Patrons, MM.

Buron, opticien, rue des Trois-Pavillons, 10.

Durenne, fabricant de chaudronnerie, boulevart Beaumarchais, 7.

Garnier, fondeur, rue Saintonge, 21.

Gobin, fabricant de bronze, r. St.-Sébastien, 24.

Hadrot, lampiste, rue des Fossés-Montmartre, 14.

Lambert, fabricant de plaqué, r. Notre-Dame-de-Nazareth, 29.

Lebrun, orfèvre, quai des Orfèvres, 40.

Mougin, armurier, rue Richelieu, 13.

Mourey, bijoutier en doré, r. du Temple, 63.

Paillard, fabricant de bronze, r. Saint-Claude, 8.

Pestrelle, contre-maître en pianos, rue Corbeau, 31.

Samson, fabricant d'instruments de chirurgie, rue de l'École-de-Médecine, 30.

Wagner, horloger, rue Montmartre, 118.

Ouvriers, MM.

Augé, ferblantier, rue Papillon, 12.

Bernier, bijoutier, rue des Jeûneurs, 8.

Blanchard, lampiste, rue de Fourcy, 14.

Boulon, armurier, rue Chapon, 24.

Boursot, ouvrier en pianos, rue Grange-aux-Belles, 6.

Buissas, ferblantier, rue du Vertbois, 21.

Darche, mécanicien, boulevart des Amandiers, 16, Belleville.

Evrard, opticien, rue des Trois-Pavillons, 10.

Landard, graveur, rue d'Aboukir, 16.

Lefaure fils, armurier, rue Mogador, 7.

Lenoir, bijoutier, r. de Paris, 120, Belleville.

Petit, serrurier, rue des Arcis, 22.

Vilmotte, horloger, rue des Marais, 81.

Secrétariat.

MM. Montcavrel, secrétaire, rue Bourbon-Villeneuve, 26.

Saulnier, commis-secrétaire, pass. de l'Entrepôt, 2.

CONSEIL DES TISSUS

ET DES INDUSTRIES QUI S'Y RATTACHENT.

1re *Catégorie.*—Filateurs de toutes sortes, fabricants de tissus, etc.

2e—Apprêteurs, blanchisseurs, teinturiers, imprimeurs sur étoffes, etc.

3e—Fabricants de broderies, passementeries, bonneterie, franges; tapissiers, etc.

4e—Fabricants de chapellerie et casquettes.

5e—Fabricants de fleurs artificielles, plumassiers, fabricants de sparterie, de chapeaux de paille et de mode.

6e—Tailleurs.

Bureau général, le vendredi à 1 heure.

Patrons, MM.

Allier, chapelier, rue Simon-le-Franc, 21.

Blanche, imprimeur sur étoffes, Puteaux.

Chardon, tapissier, rue de l'Echiquier, 38.

Chenard, chapelier, rue du Puits, 8.

Dépouilly, manufacturier, Puteaux.

Huot, fleuriste, rue du Caire, 17.

Marienval, fleuriste, rue Saint-Denis, 354.

Michel, *Adolphe*, fabricant de châles, rue des Fossés–Montmartre, 3.

Pomadère, tailleur, place de la Bourse, 8.

Sontag, passementier, rue aux Fers, 18.

Souvraz, fabricant de tissus, chemin de ronde de Ménilmontant, 9.

Stoltz, passementier, rue Saint-Honoré, 67.

Stritter, tailleur, rue de la Bourse, 10.

Ouvriers, MM.

Amelin, tailleur, rue l'Évêque, 21.

Burgunder, imprimeur sur étoffes, **r.** Gérard, 4, Puteaux.

Cartigny, tisseur, rue Ménilmontant, 73.

Delassou, fleuriste, rue d'Angoulême-du-Temple, 12.

Dubost, fleuriste, passage du Caire, 68.

Duval, chapelier-fouleur, rue Rambuteau, 30.

Grandhomme, passementier, r. Boucher, 1 *bis*.

Lacroix, tailleur, rue Duphot, 2.

Lapierre, tapissier, rue du Petit-Carreau, 18.

Nathan, chapelier, rue des Rosiers, 25.

Pernot, graveur sur bois, rue de Paris, 159, à Saint-Denis.

Porterel, tapissier, rue de Hanovre, 8.

Regnier, tisseur, rue Beauveau-Saint-Antoine, 17.

Secrétariat.

MM. *Corbin*, secrétaire, rue Levert, 16, Belleville.

Despat, commis-secrétaire, rue de Vendôme, 2.

CONSEIL DES PRODUITS CHIMIQUES

ET DES INDUSTRIES QUI S'Y RATTACHENT.

1re *catégorie.*—Fabricants d'acides, alcalis, sels divers, colle-forte, gélatine, gaz d'éclairage, fabricants de bougies et de chandelles, fondeurs de suif, savonniers, etc.

2e—Fabricants de fécules et pâtes, fabricants et raffineurs de sucre, distillateurs, brasseurs, confiseurs, chocolatiers, etc.

3e—Fabricants de papiers peints et autres, de carton, de cartonnage et de cartes à jouer, etc.

4e—Fabricants de faïence, de porcelaine, de cristaux et verreries, de couleurs, céruse et vernis, peintres-vitriers, etc.

5e—Fabricants de toiles cirées et vernies, mégissiers, gantiers, maroquiniers, tanneurs, corroyeurs, etc.

6e—Cordonniers et bottiers.

Bureau général, le mardi à midi.

Patrons, MM.

Arnoult, fabricant de cartons, rue des Fossés-Saint-Victor, 20.

Chapelle, bottier-cordonnier, boulevard des Italiens, 20.

Courtépée, tanneur-corroyeur, rue du Renard-Saint-Sauveur, 11.

Decq, boulanger, rue du Petit-Carreau, 43.

Delicourt, fabricant de papiers peints, rue de Charenton, 125.

Doisneau, boulanger, rue de la Michodière, 3.

Duret, fabricant de couleurs et vernis, rue des Entrepreneurs, 52, à Grenelle.

Fouché-Lepelletier, fabricant de produits chimiques, à Javelle, près Paris.

Fauler, maroquinier, rue Mauconseil, 11.

Jacquel, fabricant faïencier, rue Vieille-du-Temple, 65.

Lucas, entrepreneur de peinture, rue de Babylone, 43.

Oger, fabricant de savons, rue Culture-Sainte-Catherine, 17.

Pierron, bottier, rue Saint-Honoré, 248.

Ouvriers, MM.

Bougrier, imprimeur sur papiers peints, rue Saint-Martin, 21.

Brasselet, corroyeur, place Maubert.
Cretenne, boulanger, rue Saint-Paul, 36.
Fontaine, peintre en bâiments, rue de Paris, 32, à Belleville.
Grosguenain, imprimeur sur papiers peints, rue de Montreuil, 13.
Héronville, cordonnier, rue Tiquetonne, 7.
Hulin, boulanger, rue de Cléry, 43.
Huret, colleur de papier, rue Saint-Denis, 367 *bis*.
Lime, chimiste, à Javelle, chez M. Fouché.
Melchior, cristaux, rue du Bois, 2, à Clichy.
Neuville, vernisseur, chaussée Ménilmontant, 62.
Prevost, chimiste, rue Virginie, à Grenelle.
Quinier, cordonnier, rue Saint-Antoine, 63.

Secrétariat.

MM. Millet, secrétaire, rue Neuve-St-Nicolas, 14.
Plessy, commis-secrétaire, rue Fontaine-au-Roi, 1.

CONSEIL DES INDUSTRIES DIVERSES

1re *catégorie.*—Imprimeurs typographes et lithographes, imprimeurs en taille-douce, brocheurs, satineurs, relieurs, fabricants de registres, etc.
2°—Sculpteurs en bois, fabricants d'ébénisterie, cadres et moulures, tourneurs en bois et en os, tabletiers, etc.
3e—Menuisiers, rampistes, parqueteurs.
4e—Entrepreneurs de charpente, scieurs de long et à la mécanique, etc.
5e—Entrepreneurs de maçonnerie, terrassiers et couvreurs, entrepreneurs de pavage, etc.
6e—Fabricants de chaux, plâtre et ciment, car-

riers, marbriers, fabricants de tuiles, briques et ardoises, etc.

Bureau général, le mercredi à 1 heure.

Patrons, MM.

Antoine, ébéniste, rue de Charonne, 7.

Caron fils, entrepreneur de travaux, rue des Bernardins, 24.

Desrues, couvreur, rue des Rosiers, 24.

Guiraudet, imprimeur, rue Saint-Honoré, 338.

Langlois, marbrier, rue Popincourt, 76.

Laroche, fabricant de registres, papetier, rue de Provence, 30.

Laurent, menuisier, rue Folie-Méricourt, 24.

Michau, carrier, rue d'Enfer, 45.

Moreau, tabletier, rue du Petit-Lion-Saint-Sauveur, 13.

Mort, charpentier, rue Popincourt, 94.

Roux, charpentier, rue Grange-aux-Belles, 67.

Thierry, lithographe, cité Bergère, 1.

Thuilot, menuisier, rue Saint-Georges, 39.

Ouvriers, MM.

Brebant, imprimeur en taille-douce, rue Saint-Antoine, 51.

Desbuis, charpentier, rue de la Tonnellerie, 7.

Dupont, ébéniste, rue des Tournelles, 8.

Garde, imprimeur-typographe, rue de Bussy, 13.

Guntz, ébéniste, rue de Charenton, 73.

Leclair, marbrier, rue Popincourt, 94.

Lereteux, menuisier, rue du Temple, 55.

Morlon, appareilleur, r. des Fossés-Saint-Victor, 11.

Murat, maçon, rue des Arcis, 8.

Senget, compositeur-typographe, r. Tiquetonne, 20.

Simonnet, marbrier, rue de l'Empereur, 16, à Montmartre.

Sivion, charpentier, rue d'Allemagne, 151, à la Villette.

Thorelle, menuisier, rue Neuve-Coquenard, 13 *bis.*

Secrétariat.

MM. *Berthelot,* secrétaire, rue des Marais-Saint-Martin, 76.

Toussaint, commis-secrétaire, rue Christine-Dauphine, 4.

Sont attachés aux quatre Conseils :

HUISSIERS (alternant par mois pour le service) : *MM. Brizard,* rue de la Jussienne, 11 (février, avril, juin, août, octobre et décembre). — *Fontaine,* rue de Bussy, 12 (janvier, mars, mai, juillet, septembre et novembre).

MÉDECIN : *M. Boyer* (*Lucien*), quai Malaquais, 17.

CHIMISTE : *M. Bareswill,* rue Dauphine, 32.

L'hôtel des Conseils de Prud'hommes est situé rue de la Douane, 12 ; les bureaux sont ouverts tous les jours non fériés, de 9 heures du matin à 4 heures du soir.

TRIBUNAL DE COMMERCE.

Le Tribunal de commerce connaît en dernier ressort des appels des jugements des Conseils de Prud'hommes. Il tient ses séances au palais de la Bourse, pour les audiences du grand rôle, le lundi, à 11 heures, et pour les audiences du petit rôle, les mardi, mercredi, jeudi et vendredi, à dix heures. Le ministère d'avoué n'est pas nécessaire devant ce tribunal ; les parties doivent se présenter en personne, ou par un fondé de pouvoir.

Des Conseils de Prud'hommes.

Notions historiques. — Organisation. — Compétence. — Procédure.

---

1. NOTIONS HISTORIQUES.

L'institution des Prud'hommes ne remonte qu'à l'année 1806. Dans l'ancien ordre de choses, elle était impossible : l'industrie végétait sous les jurandes et les maitrises dont le vaste réseau embrassait tout le royaume. A la tête des corps et métiers se trouvaient placés des gardes et des syndics qui avaient pour mission d'assurer l'exécution des statuts et règlements ; mais ces statuts et règlements n'étaient qu'oppressifs : le fabricant, l'industriel ne pouvaient s'en écarter ; il fallait imiter toujours et ne créer jamais. Le roi Louis XVI, inspiré par Turgot, voulut supprimer cet affligeant système dès les premiers jours de son règne. Un édit du mois de février 1776 anéantit cette forêt de corporations dont l'ombre couvrait nos cités et empêchait la fécondité de nos arts. Turgot était à peine sorti du ministère que les corporations furent recréées en août 1776, moins de six mois après leur suppression, sur d'autres bases moins abusives, mais cependant avec des vices qu'une tradition récente avait conservés. Cet ordre de choses fut enfin détruit par l'Assemblée constituante (Loi du 17 mars 1791); et la loi du 17 juin 1791, en consacrant l'anéantissement *de toute corporation du même état et profession*, ajouta les dispositions prohibitives les plus fortes et les plus propres à en empêcher la renaissance. Cependant, au milieu de cette indépendance, naquirent beaucoup de désordres et d'abus; on sentit que cette liberté absolue des professions avait aussi ses dangers : la Convention exigea des conditions de solvabilité, de moralité, d'aptitude pour certaines professions civiles et commerciales; et l'Empire, qui sut rétablir l'ordre en toutes choses, donna aux industries les plus importantes une juridiction spéciale.

On pourrait cependant faire remonter l'origine des Conseils de prud'hommes à la loi du 16 août 1790. Le titre III, relatif à l'établissement des Justices de paix, portait qu'il y aurait dans chaque canton un Juge de paix et des Prud'hommes assesseurs du Juge de paix. Ce tribunal connaissait « du paiement des salaires des gens de travail et de l'exécution des engagements respectifs des maîtres et de leurs gens de travail.» Le germe contenu dans cette loi fut seize ans à se développer.

Ce fut lors d'un voyage à Lyon que l'Empereur conçut le projet de l'Institution; il la promit aux fabricants de ces magnifiques soieries, chef-d'œuvre de notre industrie nationale, et la loi du 18 mars 1806 acquitta sa promesse, en créant pour la ville de Lyon, et pour ses fabriques de soieries spécialement, une sorte de magistrature paternelle, qu'on appela *Conseil de Prud'hommes*, du nom qui désignait autrefois, dans certaines localités les officiers municipaux, dans d'autres les juges, dans presque toutes les experts que leur probité, leur sagesse, leurs connaissances spéciales recommandaient à la confiance de leurs concitoyens et des tribunaux (Voyez MOLLOT, *Compétence des Conseils de Prud'hommes*, et Hippolyte DIEU, *Moniteur des Conseils de Prud'hommes*).

La même loi, généralisant la mesure, autorise le Gouvernement, par son article 34, à établir des Prud'hommes dans les autres localités où leur présence serait nécessaire.

Bientôt l'Institution fut organisée avec soin par de nouvelles dispositions législatives (Décrets des 3 juillet 1806, 11 juin 1809, 3 août 1810 et 1er avril 1811), et le Gouvernement en dota successivement un grand nombre de villes de fabriques.

Ce ne fut qu'en 1844, par l'ordonnance du 29 décembre, que l'Institution fut introduite dans la capitale ; un seul Conseil, celui des *Métaux*, fut d'abord formé à titre d'essai et d'expérience. Des ordonnances du 9 juin 1847 établirent les trois autres Conseils : des *Tissus*, des *Produits chimiques* et des *Industries diverses*, et étendirent la juridiction des Prud'hommes à tout le département de la Seine.

II. ORGANISATION.

Jusqu'à la Révolution de Février, les Conseils n'étaient composés que de patrons, chefs d'atelier et ouvriers patentés ; l'Assemblée constituante, par son décret du 27 mai 1848, y introduisit les ouvriers et changea le mode d'élection, la composition et l'organisation des Conseils et des bureaux. Le nombre des membres est au minimum de 6 et au maximum de 26, et toujours en nombre pair. Le nombre des Prud'hommes ouvriers est toujours égal à celui des Prud'hommes patrons. A Paris, chaque Conseil est composé de 26 membres, 13 patrons et 13 ouvriers.

Dans les localités où les conditions de la fabrication mettent en présence trois intérêts distincts, les Conseils sont divisés en deux chambres, composées, l'une de Prud'hommes ouvriers et de Prud'hommes chefs d'atelier, l'autre de Prud'hommes chefs d'atelier et de Prud'hommes marchands-fabricants (Décret du 6 juin 1848).

Sont électeurs, tous les patrons, chefs d'atelier, contre-maîtres, ouvriers, compagnons, âgés de vingt-et-un ans et résidant depuis six mois au moins dans la circonscription du Conseil des prud'hommes.

Sont éligibles, tous les patrons, chefs d'atelier, contre-maîtres, ouvriers, compagnons, âgés de vingt-cinq ans, sachant lire et écrire, et domiciliés depuis un an au moins dans la circonscription du Conseil.

Ne peuvent être électeurs ni éligibles, les étrangers, les faillis non réhabilités, toute personne enfin qui aurait subi une condamnation pour un acte contraire à la probité.

Les contre-maîtres, chefs d'atelier et tous ceux qui depuis plus d'un an paient la patente et occupent un ou plusieurs ouvriers, votent dans l'assemblée des patrons. Les chefs d'atelier et les contre-maîtres peuvent être élus à la prud'hommie, sans toutefois qu'ils puissent former plus du quart des membres du Conseil.

Les patrons et les ouvriers qui veulent concourir aux élections doivent réclamer leur inscription à leurs mairies respectives sur la liste des électeurs. Ils sont tenus de constater leur âge et leur résidence ; les patrons doivent en outre justifier qu'ils paient la patente depuis plus d'un an, les contre-maîtres et ouvriers qu'ils sont reconnus comme tels. Pendant les huit jours à partir de la publication de la liste, s'il s'élève des réclamations sur sa composition, elles sont reçues à l'Hôtel-de-Ville ; le préfet statue.

Les patrons et les ouvriers convoqués séparément désignent dans leurs catégories respectives un nombre de candidats triple de celui des membres à nommer; dans les huit jours qui suivent cette désignation, les patrons et les ouvriers convoqués de nouveau procèdent séparément et sur la liste des candidats présentés, les patrons à l'élection des Prud'hommes ouvriers, et les ouvriers à l'élection des Prud'hommes patrons.

Les Prud'hommes sont renouvelés par tiers tous les ans; les Prud'hommes sont rééligibles; le renouvellement des deux premières années se fait par la voie du sort et ensuite à raison de l'ancienneté de la nomination.

La présidence est alternativement déférée par voie d'élection à un patron et à un ouvrier; elle dure trois mois; elle donne voix prépondérante. —Les patrons élisent le président ouvrier, et les ouvriers élisent à leur tour le président patron.— Les règles qui précèdent sont applicables à la vice-présidence.

Un secrétaire et un commis-secrétaire sont attachés au Conseil; ils font l'office du greffier et des commis-greffiers des tribunaux. Ils sont nommés par le Conseil à la majorité absolue des suffrages; ils peuvent être révoqués, mais seulement par une majorité des deux tiers au moins de tous les Prud'hommes.

Le local nécessaire aux Conseils, pour la tenue de leurs séances, est fourni par les villes où ils sont établis; ces villes pourvoient également tant aux dépenses de premier établissement et d'entretien, qu'aux dépenses annuelles de chauffage, éclairage et autres menus frais, ainsi qu'au traitement des secrétaires et autres employés.

Le Conseil nomme un ou deux huissiers qui ont mission d'assister aux audiences de jugement et d'exécuter les actes qui tiennent à sa juridiction. L'opposition, emportant citation à la première audience, doit être faite par l'huissier du Conseil,

1.

qui seul, d'après les articles 30 et 32 du décret du 11 juin 1809, a le droit de citer devant les bureaux des Prud'hommes.

III. ATTRIBUTIONS ET COMPÉTENCE.

Les fonctions des Prud'hommes consistent dans l'exercice d'une juridiction proprement dite, et dans l'exercice de certaines attributions administratives. Considérés sous le premier rapport, ils agissent tantôt comme conciliateurs, tantôt comme juges civils ou de police.

Attributions civiles. — Leur juridiction s'étend sur les marchands-fabricants, entrepreneurs, chefs d'atelier, contre-maîtres, ouvriers, compagnons ou apprentis, travaillant pour des fabriques, ateliers ou chantiers situés dans le territoire pour lequel ils sont institués.

La contestation doit être relative à la branche d'industrie exploitée et aux conventions dont cette industrie a été l'objet ; elle doit avoir pris naissance dans les rapports particuliers qu'ont établis l'industrie de l'ouvrier et l'usage que le patron en fait pour son commerce.

Toute contestation étrangère à l'industrie qu'ils exercent tous deux, fût-elle relative à une autre industrie, sort de la juridiction des Prud'hommes.

Les Prud'hommes sont *compétents* à l'égard :

1º Du *commis* qui a pris une part quelconque au travail de la fabrique, soit pour l'exécuter, soit pour le diriger, qui a été employé à l'enregistrement des heures de travail ou d'absence, à la distribution des matières, à la réception de l'ouvrage;

2º Du *charretier* et de l'*homme de peine*, qui ont travaillé dans la fabrique et pour ses besoins ;

3º De l'*ouvrier* aux pièces ou à façon qui travaille chez lui sur des matières premières fournies par le fabricant;

4º Du *propriétaire* qui entreprend par lui-même, et avec des ouvriers sous ses ordres, des constructions sur son propre terrain, et s'il se trouve dans l'un ou plusieurs des cas suivants : s'il a choisi pour conduire ses travaux un tâcheron, un ouvrier non patenté, notoirement insolvable ; s'il a fait tout ou partie des fournitures ; s'il s'est immiscé dans la conduite des travaux, dans les conventions de salaires avec les ouvriers, et dans d'autres cas semblables qui le constituent à la fois propriétaire et entrepreneur. L'ouvrier qui a présidé aux travaux n'est réellement que son maître-compagnon, son mandataire ; il n'y a plus de véritable intermédiaire entre lui et les ouvriers ; le propriétaire s'est rendu leur patron.

Les Prud'hommes sont *incompétents* à l'égard :

1º Du *propriétaire* qui fait bâtir sur son terrain pour son propre compte, qui a choisi un entrepreneur sérieux, patenté, remplissant toutes les charges et obligations inhérentes à sa profession : les ouvriers n'ont d'action contre lui que dans le sens de l'article 1798 du Code civil (*Voy.* page 52) ;

2º Des *artistes*, peintres, dessinateurs, graveurs qui exécutent chez eux des modèles pour les fabricants : il en serait autrement s'ils travaillaient dans la fabrique à tant par jour, par mois ou à tant la pièce, ou si la matière première leur avait été fournie;

3º Des *négociants* qui ne font pas fabriquer ;

4º Des *ouvriers* qui achètent la matière première et la façonnent pour la revendre ensuite avec spéculation de bénéfice sur le travail;

5º D'un *agriculteur* qui emploie un ouvrier sorti d'une fabrique sans avoir fait régler son livret (Cassation, 11 nov. 1834)—(*Voy.* page 25).

6º Des *associations d'ouvriers*. En se constituant, elles deviennent des associations de patrons; elles sont en conséquence justiciables des mêmes tribunaux que les sociétés commerciales ordinaires. Une exception est faite, par décret du 5 juillet 1848, pour les associations ouvrières qui ont participé au prêt de trois millions votés par ce décret, lequel donne compétence aux Conseils de prud'hommes.

Les Prud'hommes ne peuvent connaître d'une contestation entre deux fabricants indépendants l'un de l'autre, notamment de celle d'un fabricant de draps qui a donné à un filateur des laines à filer et qui se plaint de la manière dont elles sont filées (Cassation, 11 nov. 1834).

Ils sont incompétents même quand l'action est fondée sur le préjudice qui résulte de l'emploi sans livret d'un ouvrier débiteur d'avances (Cass. 18 mars 1846). Quelques auteurs cependant ont attribué la compétence aux Prud'hommes, lorsque le fabricant n'est pas appelé isolément, mais comme garant et responsable du préjudice causé par l'ouvrier.

Les Prud'hommes sont aussi incompétents pour connaître des contestations qui s'élèveraient entre un *agent administratif* et un ouvrier travaillant sous ses ordres, par exemple entre un ouvrier terrassier et un conducteur des ponts-et-chaussées dirigeant des travaux en régie: l'ouvrier doit porter plainte aux agents supérieurs ou avoir recours au Conseil de préfecture.

Ils ne peuvent s'immiscer dans la délivrance des *livrets*; cette attribution est exclusivement réservée aux autorités administratives (Décret du 11 juin 1809, art. 67). — Cette défense ne concerne que la délivrance par l'autorité administrative, et non les contestations qui pourraient avoir lieu entre patrons et ouvriers.

Les Prud'hommes ne peuvent prononcer dans les questions de paiement de salaire qu'autant que l'action est dirigée contre l'auteur même de la commande. L'action dirigée contre tout autre, notamment contre celui qui a profité des travaux, rentre dans la compétence des tribunaux ordinaires (Cass. 7 juin 1848).

A défaut de Prud'hommes, la connaissance des contestations qui s'élèvent entre fabricants et ouvriers relativement à leurs rapports de travail appartient au Juge de paix.

Attributions de police. — Tout délit tendant à troubler l'ordre et la discipline de l'atelier, tout manquement grave des apprentis envers leurs maîtres, peuvent être punis par les Prud'hommes d'un emprisonnement qui n'excédera pas trois jours, sans préjudice de la concurrence des officiers de police et des tribunaux.

De cette attribution, il résulte que les Prud'hommes peuvent connaître des dégâts et dommages causés volontairement aux propriétés mobilières des fabriques et ateliers, et de toute parole outrageante de la part du patron comme de l'ouvrier.

Attributions administratives. — Considérés sous le rapport de leurs attributions administratives, les Conseils de prud'hommes sont chargés :

1° De veiller à la conservation des marques et dessins de fabrique, de concilier les différends qui pourraient naître à ce sujet, et de donner leur avis, comme arbitres rapporteurs, lorsque ces différends sont portés devant le Tribunal de commerce ;

2° De constater, sur les plaintes qui leur seront portées, les contraventions aux lois et règlements, les soustractions de matières premières et autres infidélités commises au préjudice des fabricants, et d'ordonner la saisie des objets propres à constater le délit ;

3° De délivrer aux chefs d'atelier un double livre d'acquit pour chacun des métiers qu'ils font travailler, afin d'y inscrire le solde de leurs salaires et leur compte des matières ;

4° D'inspecter les fabriques et ateliers pour y

recueillir et transmettre à l'administration les renseignements sur la prospérité ou la décadence de l'industrie, et de tenir un registre du nombre des métiers et ouvriers employés.

Ils constatent en outre les contraventions relatives à la loi sur les brevets d'invention, au règlement sur la guimperie, au décret sur la longueur des fils d'étoffes, à la loi sur l'altération et la supposition des noms de fabrique, à l'ordonnance sur le mode de dévidage et aux divers décrets qui concernent les marques des savons, les marques des ouvrages de quincaillerie, les lisières des draps, les draps destinés pour le commerce du Levant.

IV. PROCÉDURE.

Les Conseils de prud'hommes sont divisés en deux bureaux: le bureau *particulier* ou de *conciliation*; le bureau *général* ou de *jugement*.

Le *bureau particulier* est composé de deux membres, dont l'un est patron et l'autre ouvrier; il tient tous les jours une séance; ses fonctions consistent à terminer les différends par des voies amiables, par la CONCILIATION.

Tout marchand-fabricant, tout chef d'atelier, tout contre-maître, tout ouvrier, compagnon ou apprenti, appelé devant les Prud'hommes, est tenu, sur une simple lettre de leur secrétaire, de s'y rendre en personne au jour et à l'heure fixés, sans pouvoir se faire remplacer, hors le cas d'absence ou de maladie ; alors seulement il est admis à se faire représenter par l'un de ses parents, négociant ou marchand exclusivement, porteur de sa procuration sur timbre et enregistrée.

Les parties ne peuvent faire signifier aucune défense ; elles sont tenues de s'expliquer avec modération et de se conduire avec respect ; si elles ne le font point, le bureau les rappelle d'abord à eurs devoirs, peut les condamner ensuite à l'amende avec affiches du jugement, et en cas d'insulte ou d'irrévérence grave, à un emprisonnement de trois jours au plus. L'insulte adressée par l'une des parties à l'autre est considérée et punie comme trouble d'audience.

Lorsque, après avoir entendu les parties contradictoirement, le bureau n'a pu parvenir à les concilier, il les renvoie devant le bureau général.

Si le patron ou l'ouvrier appelé devant le bureau particulier ne comparaît point, il lui est envoyé, suivant l'avis des membres composant le bureau, une nouvelle lettre du secrétaire ou une citation de l'huissier, à l'effet de comparaître soit à un autre bureau particulier, soit au bureau général.

Dans les cas urgents le bureau peut ordonner les mesures nécessaires pour empêcher l'enlèvement, le déplacement ou la détérioration des objets qui donnent lieu à une réclamation.

Le *bureau général* est composé à Paris de huit membres, quatre patrons, quatre ouvriers. Il se réunit une fois par semaine pour prendre connaissance des affaires qui n'ont pas été terminées par la voie de la conciliation, quelle que soit la quotité de la somme dont elles seraient l'objet. Mais les jugements ne sont définitifs qu'autant que la condamnation n'excède pas cent francs en capital et accessoires.

Les jugements, jusqu'à concurrence de 300 francs sont exécutoires par provision, nonobstant l'appel et sans qu'il soit besoin pour la partie qui a obtenu gain de cause de fournir caution. Au-dessus de 300 francs, ils sont exécutoires par provision en fournissant caution, à quelque somme que puisse s'élever le chiffre de la condamnation.

Le Conseil peut ordonner une enquête, entendre des témoins, déférer le serment, ordonner le transport d'un ou de plusieurs de ses membres dans une fabrique ou atelier, pour juger de l'exactitude de faits allégués.

Jugements par défaut.— Si au jour indiqué par la lettre du secrétaire ou la citation de l'huissier l'une des parties ne comparaît pas, la cause peut être jugée par défaut. Le Conseil n'est pas tenu d'adjuger les conclusions du demandeur ; il peut les rejeter, s'il ne les trouve pas justes et bien fondées.

La partie condamnée par défaut peut former opposition dans les trois jours de la signification faite par l'huissier du Conseil. Cette opposition doit de même être faite par l'huissier du Conseil et contenir assignation au premier jour de séance. La partie condamnée peut être relevée du défaut, même après les trois jours de la signification, en justifiant d'absence ou de maladie grave. Après un second défaut, le jugement devient définitif.

La partie appelée devant le Conseil ne peut se dispenser de se présenter en personne ni s'y faire représenter par son contre-maitre. Défaut doit être donné contre elle dans tous les cas, excepté les deux cas de maladie et d'absence prévus par la loi.

Le refus de comparaître donne lieu à la condamnation en une indemnité proportionnée aux pertes de temps et aux frais de voyage.

Le jugement par défaut non levé ni signifié se périme dans les six mois de son obtention (Code de procédure, art. 156) : levé et signifié, il n'est plus sujet à péremption et n'est susceptible d'opposition que dans les cas prévus d'absence ou de maladie (Cass. 13 septembre 1809).

Mise à exécution des jugements.—Les jugements rendus par le bureau général peuvent être mis à exécution vingt-quatre heures après la signification, sauf l'appel. Les jugements prononcés en matière de police, sur le vu de l'expédition certifiée par le secrétaire, sont mis à exécution par le premier agent de police ou de la force publique sur ce requis.

Appel des jugements en matière civile.—Il y a lieu à appel lorsque la demande est indéterminée, lorsque la condamnation excède 100 fr. en capital et accessoires ou lorsque le demandeur est débouté d'une demande excédant 100 fr. ; c'est la condamnation qui détermine le dernier ressort (Cass. 10 janvier 1842).

L'appel est porté devant le Tribunal de commerce, et à défaut de Tribunal de commerce, devant le Tribunal civil de première instance; il n'est pas recevable après les trois mois de la signification faite par l'huissier attaché au Conseil.

Les délais d'appel ne courent pas pour les jugements par défaut pendant les délais d'opposition, (Code proc. civ., art. 455); cette règle s'applique aux décisions par défaut des Conseils de prud'hommes, du moment qu'il n'existe aucune exception à leur égard (Trib. com. de Paris, 7 mai 1850).

Appel des jugements en matière de police.—C'est devant le tribunal correctionnel que doit être porté l'appel des jugements des Prud'hommes en matière de police (Cod. inst. crim., art. 174). — Le délai pour interjeter appel est de dix jours et non de trois mois comme pour les affaires civiles (Déc. 11 juin 1809, art. 38).

V. DES FRAIS ET DÉPENS.

La partie qui succombe est condamnée aux dépens (C. proc. civ., art. 126). Les juges peuvent compenser les dépens en tout ou en partie, si les parties succombent respectivement sur quelques chefs (Id., art. 127).

Les frais de la citation sont à la charge de la partie qui y a donné lieu, soit en ne comparaissant pas sur la lettre d'invitation du secrétaire, soit pour n'avoir pas usé utilement de ce mode de citation. Mais si la remise de la lettre d'invitation n'a pas été faite en temps utile par la partie adverse, les frais de la citation sont à sa charge, quand même elle obtiendrait gain de cause.

Timbre et Enregistrement.

(L. 7 août 1850.)

ART. 1er Dans les contestations entre patrons et ouvriers devant les Conseils de prud'hommes, les actes de procédure ainsi que les jugements et les actes nécessaires à leur exécution seront rédigés sur papier visé pour timbre, conformément à l'article 70 de la loi du 22 frimaire an VII.

L'enregistrement aura lieu en débet.

2. Les dispositions de l'article premier sont applicables aux causes du ressort du Conseil de prud'hommes portées en appel ou devant la Cour de cassation.

3. Le visa pour timbre sera donné sur l'original, au moment de son enregistrement.

4. La partie qui succombera sera condamnée aux dépens envers le trésor; le recouvrement aura lieu suivant les règles ordinaires contre les parties condamnées.

(L. 28 avril 1816, art. 41, no 2)

Les assignations et tous autres exploits devant les Prud'hommes, sont assujettis au droit fixe de 50 centimes.

Emoluments du Secrétaire.—Lettre du secrétaire portant invitation de se rendre au Conseil, 30 c.; par rôle d'expédition de vingt lignes à la page et dix syllabes à la ligne, 40 c.

Émoluments de l'Huissier.—Citation devant le Conseil, original, 1 fr. 25 c.; par copie, 31 c.

Copie des pièces données en tête de la citation, copie du jugement par rôle d'expédition, 20 c.

Signification du jugement à personne ou à domicile, original, 1 fr. 75 c.; par copie, 43 c.

Transport au-delà d'un demi-myriamètre parcouru, aller et retour, pour la citation, 1 fr. 75 c.; pour la signification, 2 fr.

Visa de chacun des actes qui y sont assujettis, 1 fr.; en cas de refus du fonctionnaire qui devait le donner, visa du procureur de la République, 2 fr.

Indemnité des Témoins.—Pour la comparution devant le Conseil, si le témoin a une profession, une journée de travail; s'il a été obligé de se faire remplacer, deux journées; s'il n'a pas de profession, 2 fr.

Pour l'indemnité de voyage, dans le cas où le témoin est domicilié hors du canton où il est entendu, et à une distance de plus de deux myriamètres et demi du lieu où il fera sa déposition, il lui est alloué le double de son indemnité de comparution par chaque cinq myriamètres.

Du Contrat d'apprentissage.

I. RÈGLES GÉNÉRALES.—FORMATION ET NATURE DU CONTRAT.

L'apprenti est celui qui, en vertu d'une convention faite avec un maître, travaille chez ce maître pour s'instruire dans la pratique d'un métier ou d'un art.—On nomme apprentissage le temps fixé par la convention et pendant lequel l'apprenti doit fournir son travail seul, ou son travail et de l'argent, au maître qui se charge de l'instruire.

Le contrat a besoin pour se former du consentement des deux parties ; il impose des obligations réciproques ; et, une fois formé, il ne peut plus se rompre que par la volonté des deux parties, sauf les cas prévus par la loi ou décidés par le juge.

La femme mariée, même séparée de biens, ne peut s'engager ni comme maître ni comme apprentie, sans l'autorisation de son mari.

Le mineur non émancipé peut se prévaloir de sa minorité, mais cette exception ne vaut qu'à son égard ; le maître n'est pas reçu à s'en prévaloir.

L'apprentissage contracté par des mineurs sans le consentement de leur tuteur est nul. Toutefois le tuteur qui en a eu connaissance et qui ne s'est pas opposé à l'exécution du contrat est tenu d'indemniser le maître de ses frais de nourriture et de logement (Lyon, 6 février 1850).

N'est pas considérée comme contrat d'apprentissage la convention par laquelle un enfant est engagé pour être employé aux corvées et aux soins du ménage : c'est un contrat de domesticité.

N'est pas considérée non plus comme contrat d'apprentissage la convention par laquelle un patron s'engage à payer à tant par jour ou par semaine des enfants reçus dans son atelier, à raison du travail qu'il pourra en retirer, sans s'engager à leur montrer son état : c'est un contrat de louage d'ouvrage.

Le contrat ou brevet d'apprentissage se rédige ordinairement par écrit ; cependant il peut résulter aussi de conventions verbales qui, lorsqu'elles sont reconnues, doivent avoir leur effet comme si elles étaient écrites. En cas de contestations à la suite d'un contrat verbal, le juge applique les règles consacrées par l'usage de la profession.

Les parties sont libres de stipuler telles clauses et conditions qu'elles jugent convenables, pourvu qu'il n'y ait rien de contraire à la loi, aux bonnes mœurs et à l'ordre public. En cas de doute dans les clauses du contrat, l'interprétation et la solution se font d'après les règles ordinaires tracées par le Code civil, articles 1156 et suivants, mais surtout en faveur de l'apprenti.

II. RÉSILIATION DU CONTRAT ; INDEMNITÉ.
(Loi du 22 germ. an XI.)

ART. 9. Les contrats d'apprentissage consentis entre majeurs, ou par des mineurs avec le concours de ceux sous l'autorité desquels ils sont placés, ne pourront être résolus, sauf l'indemnité en faveur de l'une ou de l'autre des parties, que dans les cas suivants : 1° d'inexécution des engagements de part ou d'autre ; 2° de mauvais traitements de la part du maître ;

2.

3° d'inconduite de la part de l'apprenti ; 4° si l'apprenti s'est obligé à donner, pour tenir lieu de rétribution pécuniaire, un temps de travail dont la valeur serait jugée excéder le prix ordinaire des apprentissages.

L'article 9 de la loi du 22 germinal an XI se borne à poser le principe général et n'énumère pas tous les cas de résiliation : ces cas n'ont rien de limitatif et n'en excluent pas d'autres.

La résiliation a lieu de plein droit par la mort du patron ou de l'apprenti (Code civil, art. 1795) ; si l'apprenti meurt avant d'avoir pu par son travail indemniser le maître des soins et des dépenses qu'il lui a occasionnés, sa succession doit des dommages-intérêts au maître, de même que celui-ci doit restituer ou réduire la somme donnée ou promise, si l'apprenti meurt peu de temps après le contrat.

La résiliation a encore lieu de plein droit par l'appel de l'apprenti au service militaire (Loi du 1er complémentaire, an XII). Aucune indemnité n'est due au maître, à moins qu'elle ne soit stipulée dans le contrat d'apprentissage, les parties ayant dû prévoir ce cas de force majeure.

La résiliation a encore lieu dans les cas suivants : changement de profession du maître ; impossibilité où il se trouve, soit par maladie, soit par absences fréquentes, soit par toute autre cause, de surveiller et d'instruire suffisamment son élève ; s'il lui impose des travaux extraordinaires ou lui retire une portion des heures destinées au sommeil ou au repos ; s'il le frappe, lui refuse une partie de sa nourriture ordinaire ; s'il emploie des moyens de correction qui pourraient nuire à sa santé ou à son intelligence ; s'il l'accuse faussement d'un vol commis dans sa maison, etc.

La résiliation peut de même être prononcée, lorsque la mauvaise santé de l'apprenti ou une infirmité le rendrait inhabile à l'exercice de sa profession ; pour absence réitérée de l'apprenti par sa volonté ou l'ordre de ses parents ; pour conduite insupportable ou mauvais vouloir habituel de l'apprenti régulièrement constatés.

Dans ces divers cas et autres cas non énumérés, la résiliation n'a pas lieu de plein droit ; c'est au juge qu'il appartient de décider si le fait ou les faits énoncés sont assez graves pour entraîner cette mesure rigoureuse ; c'est à lui à avoir égard aux circonstances et au temps qu'a duré l'apprentissage, pour régler l'intérêt et la situation des parties.

Le Conseil peut, en ordonnant la continuation provisoire de l'apprentissage, nommer un de ses membres pour surveiller l'apprenti et le maître, et sur le rapport de ce membre, il décide s'il y a lieu définitivement à résiliation et indemnité.

Peu importe que le contrat d'apprentissage soit verbal ou écrit et qu'aucune indemnité n'ait été stipulée pour le cas de résiliation avant l'époque fixée, le Conseil a toujours le droit de fixer une indemnité, même de modérer celle qui a été déterminée par l'acte.

Une indemnité est due au maître par l'apprenti qui s'engage volontairement ; cette indemnité est réglée amiablement ou par le juge. De même une indemnité est due par l'apprenti qui quitte volontairement l'atelier ; mais l'apprenti a dû être mis préalablement en demeure d'y rentrer.

N'ont pas droit à l'indemnité, le maître qui renvoie son apprenti sans s'adresser au Conseil de prud'hommes pour réclamer la surveillance d'un de ses membres ; celui qui, en renvoyant l'apprenti, lui fait remise de ses effets et ne réclame l'indemnité qu'après un certain laps de temps.

Sont passibles de dommages-intérêts, le maître qui

renvoie son apprenti sans motifs légitimes et sans prévenir de ses intentions les parents de l'élève ; celui qui se livre à des actes de brutalité sur la personne de l'apprenti, encore bien qu'il excipe de la délégation la plus étendue qui lui aurait été faite de l'autorité paternelle.

III. DU CONGÉ D'ACQUIT.

ART. 10. Le maître ne pourra, sous peine de dommages-intérêts , retenir l'apprenti au-delà de son temps, ni lui refuser un congé d'acquit, lorsqu'il aura rempli ses engagements. Les dommages-intérêts seront du triple du prix des journées depuis l'apprentissage.

Le congé d'acquit est un certificat signé par le maître, visé par le commissaire de police du quartier, et constatant que l'apprenti a rempli ses engagements envers lui.

Les dispositions de cet article ne doivent pas être prises dans un sens absolu. Mollot, *Compétence*, n° 228, pense que le juge a le droit d'atténuer selon les circonstances ces dommages-intérêts par application de l'art. 1231 du Code civil.

Il n'y a pas lieu à dommages-intérêts si l'apprenti doit à son maître une prolongation pour temps perdu par suite de maladies excédant un certain terme ou d'absences volontaires ; si la somme promise pour l'apprentissage n'a pas été payée ; si d'ailleurs le refus est fondé sur d'autres motifs graves approuvés par le juge.

L'apprenti mineur qui a reconnu, par écrit, avoir perdu du temps, doit compenser ce temps perdu, nonobstant la prétention du père qui se retranche sur le défaut de sa signature au bas de la déclaration de son fils mineur, surtout si lui-même n'a pas non plus signé le contrat d'apprentissage de son fils, qui cependant a été exécuté.

Le maître ne peut pas faire donner un livret d'ouvrier à un apprenti qui n'a pas fini son temps. A Lyon, les Prud'hommes ordonnent que l'apprenti sera placé dans un autre atelier jusqu'à l'expiration du temps fixé par le contrat.

ART. 11. Nul individu employant des ouvriers ne pourra recevoir un apprenti sans congé d'acquit, sous peine de dommages-intérêts envers son maître.

L'action contre le fabricant qui reçoit un apprenti sans congé d'acquit du patron d'apprentissage ne peut être portée devant les Prud'hommes qu'autant que l'apprenti et le fabricant sont cités à la fois, l'un en dommages-intérêts, l'autre comme garant. Encore cette question est controversée.

IV. NOTIONS DIVERSES.

Cadeaux.—Reprise.—Les cadeaux faits par le maître dans le cours de l'apprentissage ne peuvent être repris en aucun cas.

Compétence.—Les Conseils de prud'hommes connaissent des contestations qui s'élèvent en matière d'apprentissage ; à leur défaut, elles sont de la compétence des Juges de paix (L. 25 mai 1838, article 5).

Ils connaissent aussi, sans préjudice de la concurrence des officiers de police et des tribunaux, des manquements graves des apprentis envers leurs maîtres (Décret, 3 août 1810, art. 4).

Droits d'enregistrement.—Si le contrat ne contient ni obligation de sommes et valeurs mobilières, ni quittance, il n'est dû qu'un droit fixe de 1 fr. ; s'il contient une stipulation de sommes ou valeurs payées ou à payer, il est dû un droit proportionnel de 50 c. par 100 fr., lequel ne peut être inférieur au droit fixe ; si les sommes sont payables en plusieurs termes ou années, le droit est calculé sur le prix cumulé.

*Enfants recueillis.—Apprentissage.—*Le maître qui, sans convention, a recueilli un enfant orphelin, l'a élevé en bon père de famille, ne peut être contraint à rendre , sans indemnité, cet enfant au moment où il pourrait par son travail le rembourser de ses avances.

*Enseignement technique.— Procédés de fabrication.—*Le maître n'est pas tenu de livrer à la connaissance de son apprenti, à moins d'une stipulation contraire portée dans l'acte, les procédés de fabrication qui lui sont particuliers et qu'il exploite en vertu d'un brevet.

Mauvaise volonté. — Indemnité. — Est passible d'une indemnité envers son maître l'apprenti qui par sa mauvaise volonté ou par une maladresse coupable ne fait pas aussi bien qu'il le pourrait.

*Prescription.—*L'action du maître pour le prix de l'apprentissage se prescrit par un an (Code civ., art. 2272), soit que l'apprenti reçoive la nourriture chez le maître, soit qu'il n'y reçoive que l'enseignement. L'action de l'apprenti contre le maître ne se prescrit que par le laps de trente ans (Code civ., 2262).

La prescription commence à courir du jour où l'apprenti est sorti de chez son maître ; jusque-là la présence de l'apprenti équivaut en quelque sorte à une reconnaissance de la dette.

*Responsabilité du maître. —*Les maîtres sont responsables du dommage causé par leurs apprentis pendant le temps qu'ils sont sous leur surveillance; cette responsabilité cesse, si le maître prouve qu'il n'a pu empêcher le délit (Code civil, article 1384).

La responsabilité du maître ne s'étend pas aux peines d'amendes ou autres peines encourues par

'auteur du délit ; elle est restreinte aux dommages-
ntérêts ou réparations civiles et aux dépens.

Le maître a un recours contre l'apprenti pour
a somme qu'il a été obligé de payer à ceux qui
nt éprouvé le dommage, à moins toutefois que
'apprenti n'ait agi sans discernement ; il pourrait
même, dans certaines circonstances, avoir recours
contre les parents, par exemple, dans les cas suivants : c'est au juge à apprécier.

Si le dommage a été commis peu de temps après
'entrée de l'enfant chez le maître et avant qu'il ait
pu connaître ses habitudes, son caractère ; si le
dommage résulte d'un fait qui prend sa source dans
la mauvaise éducation donnée à l'enfant, la responsabilité doit tomber sur le père.

Le recours du maître contre l'apprenti n'a lieu
du reste que s'il y a malveillance ou faute grave,
et si le fait ne peut s'excuser par son inhabileté ou
par une étourderie naturelle à son âge.

Salaires.—Retenue.—Le maître a droit de soumettre ses apprentis à une retenue sur leurs salaires en cas d'absence sans cause légitime ou de
manquement grave dans le travail.

Successeurs du maître.—Substitution.—Le maître ne peut substituer à ses engagements le suc-
cesseur à qui il vend son établissement, sans le
consentement du père de l'apprenti.

Temps d'essai.—Fixation.—A Paris, le temps
d'essai est d'un mois, à défaut de stipulation contraire ; en cas de séparation, il faut un avertissement de huit jours.

Vol.—Est puni de la réclusion, l'apprenti coupable de vol dans la maison, l'atelier ou le magasin
de son maître (Code pén., art. 386). L'individu
condamné à la peine de la réclusion est renfermé
dans une maison de force et employé à des travaux ; la durée de la peine est de cinq ans au moins
et de dix ans au plus.

Du Livret.

I. NOTIONS GÉNÉRALES.

Le livret sert à constater le contrat de louage d'ouvrage et à en assurer l'exécution. Il faut distinguer du *livret d'ouvrier* : 1° le *livret d'apprenti* délivré par le maire et qui sert à constater la date de l'entrée et de la sortie des établissements (**L.** du 22 mars 1841, art. 6) ; 2° le *congé d'acquit d'apprentissage*, sur le vu duquel le livret se délivre, et qui peut être inscrit dans le livret d'apprenti (**L.** 22 germ. an **XI**, art. 11) ; 3° le *livret d'acquit d'ouvrier*, qui est en double exemplaire, délivré par les Prud'hommes, et sert exclusivement comme moyen de comptabilité entre l'ouvrier et son patron ou son chef d'atelier (**L.** 18 mars 1806, article 20).

II. DE L'EMPLOI D'OUVRIERS SANS LIVRET.

(L. 22 germinal an XI.)

ART. **12.** Nul ne pourra, sous les mêmes peines (sous peine de dommages-intérêts envers le maître précédent) recevoir un ouvrier, s'il n'est porteur d'un livret portant le certificat d'acquit de ses engagements, délivré par celui de chez qui il sort.

Le congé délivré sur feuille volante est valable comme le congé délivré dans le livret; il libère des engagements contractés.

Le fait seul par un fabricant d'avoir occupé un ouvrier sans certificat d'acquit le rend responsable envers le premier patron. Il ne peut donner pour excuse que l'ouvrier ne travaillait que de la veille.

Il ne peut s'excuser non plus sous le prétexte que l'ouvrier avait abandonné temporairement son premier métier pour en prendre un autre, et que, après être revenu à son état primitif, il était entré chez un patron auquel il ne devait rien lorsqu'il l'avait quitté pour être admis dans ses ateliers; il devait toujours exiger la représentation d'un livret (Cass. 14 juin 1847).

Il n'en est pas de même d'un propriétaire ou d'un fermier employant un ouvrier non porteur d'un congé d'acquit et ayant ignoré sa position; le premier patron peut seulement saisir-arrêter entre ses mains, jusqu'à concurrence d'un cinquième, les gages ou salaires qui sont ou pourront être dus à l'ouvrier.

Mais si ce propriétaire ou fermier savait que les engagements contractés par l'ouvrier n'ont pas été remplis, c'est par son fait que le fabricant a éprouvé un dommage dont il lui est dû réparation. Seulement la preuve des faits est à la charge du fabricant.

C'est devant le Tribunal de commerce, s'il s'agit d'un commerçant, et devant le Juge de paix, s'il s'agit d'un propriétaire ou fermier, que doit être portée la demande directe en dommages-intérêts. L'action ne peut être portée devant le Conseil de prud'hommes qu'accessoirement contre le deuxième

3

fabricant comme co-auteur du délit et co-débiteur solidaire de l'ouvrier qu'il a débauché.

Les dommages-intérêts étant la réparation d'un préjudice causé, si l'ouvrier est débiteur d'avances, l'indemnité comprendra le montant de la dette; et s'il a contracté un engagement à temps, cette indemnité sera proportionnée au gain que le fabricant aurait pu faire sur le travail de l'ouvrier durant le temps à accomplir; dans les deux cas, l'évaluation du dommage ne peut être faite que sur le travail d'un an.

La fixation des dommages-intérêts peut être atténuée par le juge, s'il y a eu erreur ou bonne foi de la part du patron.

L'action en dommages-intérêts est purement civile; elle ne peut se résoudre en peines de police. Les arrêtés de l'administration qui établissent une amende contre les fabricants qui emploient des ouvriers sans livret, ou négligent de les faire viser, excèdent les limites du pouvoir municipal (Cassation, 22 février et 14 nov. 1840).

III. RÈGLEMENTS SUR LE LIVRET.

Art. 13. La forme de ces livrets et les règles à suivre pour leur délivrance, leur tenue et leur renouvellement, seront déterminées par le Gouvernement de la manière prescrite par les règlements d'administration publique.

Les règlements rendus en exécution de cet article sont l'arrêté du 9 frimaire an XII transcrit ci-après, et celui du 10 ventôse de la même année, en note du premier.

Plusieurs ordonnances des divers préfets de police, entre autres celles des 1er avril 1831 et 30 déc. 1834, ont réglementé la matière; mais comme elles ne concernent que les devoirs des patrons et des ouvriers dans leurs rapports avec la police municipale et qu'elles ne contiennent aucune disposition qui pourrait donner lieu à une contestation devant les Prud'hommes, elles ne peuvent être insérées dans cet ouvrage.

IV. DES PERSONNES ASSUJETTIES AU LIVRET.

(Arrêté du 9 frimaire an XII.)

ART. 1er. A compter de la publication du présent arrêté, tout ouvrier travaillant en qualité de compagnon ou garçon devra se pourvoir d'un livret.

Ne sont pas assujettis au livret, les journaliers, domestiques, contre-maîtres, employés (Cass. 29 février 1839). Ce même arrêt déclarait aussi exempts les apprentis; mais la loi du 22 mars 1841, sur le travail des enfants dans les manufactures, art. 6, a changé cet état de choses, en prescrivant pour eux un livret d'une nature spéciale (V.p. 147).

Il n'est pas douteux que les femmes doivent être, comme les hommes, tenues d'avoir un livret.

Y sont encore assujettis, par des lois particulières, les ouvriers qui travaillent dans les mines, et les gens de mer, à qui il sert de passeport.

V. DES MENTIONS A INSCRIRE DANS LE LIVRET.

ART. 2. Ce livret sera en papier libre, coté et paraphé, savoir : à Paris, Lyon et Marseille, par un commissaire de police, et dans les autres villes par le maire ou l'un de ses adjoints. Le premier feuillet portera le nom de la municipalité, et contiendra le nom et le prénom de l'ouvrier, son âge, le lieu de sa naissance, son signalement, la désignation de sa profession et le maître chez lequel il travaille (1).

Le patron ne doit point inscrire sur le livret de ses ouvriers dont il est mécontent des notes défavorables, sous le rapport des mœurs, de la conduite ou de la probité. Si l'un de ses ouvriers lui est suspect d'infidélité ou s'est livré à des manœuvres tendant à désorganiser ses ateliers, il est libre de le traduire devant les tribunaux, seuls juges en pareille matière. Mais rien n'empêche de délivrer des congés favorables (Circulaire du ministre de l'intérieur du 20 avril 1807).

Des dommages-intérêts sont dus à l'ouvrier sur le livret duquel une mention défavorable aurait été mise.

VI. DU VISA.

ART. 3. Indépendamment de l'exécution de la loi sur les passeports, l'ouvrier sera tenu de faire viser son dernier congé par le maire ou son adjoint, et de faire indiquer le lieu où il se propose de se rendre. Tout ouvrier qui voyagerait sans être muni d'un livret ainsi visé sera réputé vagabond, et pourra être arrêté et puni comme tel.

Le vagabondage est puni de trois à six mois d'emprisonnement (Code pénal, art. 270 et suiv.). Du reste, cet article ne peut se rapporter qu'à un voyage pour changer de domicile, et non à un voyage pour affaires.

---

(1) Par l'arrêté du 19 ventôse an XII, cet article est rendu applicable aux villes dans lesquelles il est établi des commissaires généraux de police.

VII. DE L'INSCRIPTION DES CONGÉS D'ACQUIT.

ART. 4. Tout manufacturier, entrepreneur et généralement toutes personnes employant des ouvriers, seront tenus, quand ces ouvriers sortiront de chez eux, d'inscrire sur leurs livrets un congé portant acquit de leurs engagements, s'ils les ont remplis. Les congés sont inscrits sans lacune à la suite les uns des autres; ils énoncent le jour de la sortie de l'ouvrier.

Quoique l'article dise que le congé portera acquit des engagements, le fabricant qui renvoie ou ne peut plus occuper un ouvrier débiteur d'avances, a le droit d'énoncer sur le livret le montant et la cause de la dette, pour que le second patron et les subséquents puissent opérer la retenue prescrite.

Des avances faites en commun à un père et à ses enfants majeurs, travaillant dans le même atelier, n'entraînent pas la solidarité; elles se divisent en parts égales, conformément au principe que les avances sur salaires sont faites au travail que l'ouvrier s'est engagé d'exécuter, et non à l'ouvrier même.

VIII. DE L'INSCRIPTION DU JOUR DE L'ENTRÉE CHEZ LE PATRON.

ART. 5. L'ouvrier sera tenu de faire inscrire le jour de son entrée sur son livret, par le maître chez lequel il se propose de travailler, ou, à son défaut, par les fonctionnaires désignés en l'art. 2 et sans frais, et de déposer le livret entre les mains de son maître, s'il l'exige.

Le fabricant qui a reçu le livret d'un ouvrier

3.

est tenu de l'occuper ou de lui payer une indemnité qui sera d'un jour, de huit jours ou d'un mois, d'après la profession et les usages.

IX. DU REFUS DE REMISE DU LIVRET.

ART. 6. Si la personne qui a occupé l'ouvrier refuse, sans motif légitime, de remettre le livret ou de délivrer le congé, il sera procédé contre elle de la manière et suivant le mode établi par le titre V de la loi du 22 germinal. En cas de condamnation, les dommages-intérêts adjugés à l'ouvrier seront payés sur-le-champ.

Dans le cas de chômage, de refus de travail ou de non-paiement du salaire, l'ouvrier a le droit de se faire remettre son livret revêtu du congé d'acquit, sauf au patron, s'il lui est dû, de faire mention de la dette sur le livret, et d'en poursuivre le paiement contre le patron chez lequel entre l'ouvrier. En cas de refus de remise, l'ouvrier peut exiger le paiement de son salaire ordinaire, comme s'il avait travaillé.

Lorsque le patron est condamné à remettre à l'ouvrier son livret, le Conseil peut ordonner qu'en cas de refus, le jugement tiendra lieu de livret; si la levée du jugement n'est pas nécessaire pour faire exécuter d'autres condamnations, le Conseil peut donner au secrétaire l'autorisation de délivrer à l'ouvrier un certificat qui tiendra lieu d'un livret provisoire.

Le juge peut même condamner le patron à une indemnité en cas de refus, et cette indemnité peut être d'autant plus forte que l'ouvrier tient davantage à son livret, soit par les certificats d'acquit, soit par les bons témoignages qui y sont mentionnés.

La loi du 22 germ. an XI, titre 5, dont parle l'article, renvoie la connaissance des refus de délivrance de livret au préfet de police à Paris, aux commissaires généraux de police dans les villes où il y en a d'établis, aux maires et adjoints dans les autres lieux. Depuis l'établissement des Conseils de prud'hommes, il n'est pas douteux qu'ils ne soient compétents pour en connaître.

X. DES CAS OU LE PATRON PEUT RETENIR LE LIVRET.

ART. 7. L'ouvrier qui aura reçu des avances sur son salaire ou contracté l'engagement de travailler un certain temps ne pourra exiger la remise de son livret et la délivrance de son congé qu'après avoir acquitté sa dette par son travail et rempli ses engagements, si son maître l'exige.

Le patron peut retenir le livret ou refuser le congé d'acquit, entre autres, dans les cas suivants; —Si l'ouvrier a reçu des avances sur son salaire et qu'il ne les ait point encore gagnées;—s'il doit pour malfaçons constatées ou pour une condamnation dont le maître est civilement responsable;—si le temps qu'il s'est engagé à donner n'est pas encore expiré;—si d'après l'usage de la profession il doit un certain nombre de jours de travail avant de quitter l'atelier.

Il n'est fait aucune distinction entre l'ouvrier majeur et l'ouvrier mineur; celui-ci est tenu des mêmes obligations, d'acquitter sa dette par son travail.

Malgré l'obligation imposée à l'ouvrier d'acquitter sa dette par son travail, il n'en est pas moins libre de débattre les conditions de son travail: ainsi le patron ne peut le faire travailler à prix réduit ou lui imposer un travail moins avantageux ; l'ouvrier est censé continuer aux mêmes conditions qui existaient antérieurement ; s'il y avait une baisse générale sur le salaire, il devrait la subir.

Mais si l'ouvrier débiteur d'avances refuse de travailler, il est bien certain qu'on ne peut contraindre par la force un débiteur à agir malgré lui ; le fabricant ne peut que faire condamner l'ouvrier à des dommages-intérêts qui seront inscrits sur le livret, et du montant desquels lui tiendra compte le nouveau patron en retenant le cinquième du salaire.

D'un autre côté, par son refus de travail, l'ouvrier a rendu sa dette immédiatement exigible ; non-seulement le patron a le droit de l'inscrire sur le livret, mais il peut encore poursuivre le recouvrement de sa créance par les autres moyens de droit.

Le fabricant a-t-il le droit de retenir le livret indéfiniment ? M. DIEU, dans son journal le *Moniteur des Conseils de Prud'hommes*, pense que le livret ne peut être retenu que jusqu'au jour où finit l'engagement de l'ouvrier, quand il est devenu certain qu'il ne remplira pas son obligation. Alors le fabricant fait fixer les dommages-intérêts, les fait inscrire sur le livret, ainsi que les avances. Mais le tout ne devra être calculé que sur le pied d'une année de salaire.

Lorsque le second patron a acquitté la dette de l'ouvrier employé par lui sans livret, le premier patron créancier ne serait plus en droit de refuser le livret ni le congé d'acquit.

Si l'ouvrier refusait d'aller travailler chez le nouveau patron qui a acquitté la dette, celui-ci ne serait pas reçu à réclamer du premier patron la somme qu'il a payée ; il ne peut qu'en charger de nouveau le livret de l'ouvrier.

XI. DE LA MENTION DES AVANCES.

ART. 8. S'il arrive que l'ouvrier soit obligé de se retirer parce qu'on lui refuse du travail ou son salaire, son livret et son congé lui seront remis, encore qu'il n'ait pas remboursé les a-vances qui lui ont été faites ; seulement le créancier aura droit de mentionner la dette sur le livret.

Si l'ouvrier est engagé à temps, le patron peut encore être tenu à des dommages-intérêts pour inexécution d'une convention qui est naturelle-ment synallagmatique.

Quand la créance à inscrire sur le livret est con-testée, le Conseil peut ordonner son inscription par provision sauf règlement définitif, afin de lui conserver son rang.

XII. DE LA RESPONSABILITÉ DU SECOND PATRON ET DE LA RETENUE DU CINQUIÈME.

ART. 9. Dans le cas de l'article précédent, ceux qui emploieront ultérieurement l'ouvrier, feront, jusqu'à entière libération, sur le produit de son travail, une retenue au profit du créan-cier.—Cette retenue ne pourra, en aucun cas, excéder les deux dixièmes du salaire journalier de l'ouvrier. Lorsque la dette sera acquittée, il en sera fait mention sur le livret.—Celui qui aura exercé la retenue sera tenu d'en prévenir le maître au profit duquel elle aura été faite, et d'en tenir le montant à sa disposition.

Le second patron serait personnellement res-ponsable des retenues qu'il n'aurait pas exercées ;

il est tenu des obligations qui naissent du manda
et il doit rendre compte comme le mandataire. L(
patron créancier n'a qu'une preuve à faire, c'es
que l'ouvrier a travaillé dans les ateliers du second.

La retenue du cinquième s'opère, pour les ou
vriers à la journée, sur le salaire journalier; pou
les ouvriers à façon, sur le prix de chaque obje
confectionné.

La loi du 18 mars 1806, art. 25, a fixé à un hui
tième la retenue à faire sur les prix de façon du
aux chefs d'atelier. Cette retenue a lieu, comm
celle du cinquième pour les ouvriers, tant que l
livret d'acquit n'est pas déchargé.

XIII. DES CAS OU LE CONGÉ EST DÉLIVRÉ PA L'AUTORITÉ.

ART. 10. Lorsque celui pour lequel l'ouvrie
a travaillé ne saura ou ne pourra écrire, ou lors
qu'il sera décédé, le congé sera délivré, aprè
vérification, par le commissaire de police, l
maire du lieu ou l'un de ses adjoints, et sans frais

XIV. DES FORMALITÉS A REMPLIR POUR OBTENIR UN LIVRET.

ART. 11. Le premier livret d'un ouvrier lu
sera expédié : 1° sur la présentation de son ac
quit d'apprentissage; 2° ou sur la demande d
la personne chez laquelle il aura travaillé; 3
ou enfin sur l'affirmation de deux citoyens pa
tentés de sa profession et domiciliés, portant qu
le pétitionnaire est libre de tout engagement
soit pour raison d'apprentissage, soit pour raiso
d'obligation de travailler comme ouvrier.

Le patron qui a reçu un ouvrier sans livret est tenu de lui délivrer un certificat de travail et de bération, à moins qu'il n'ait des motifs légitimes pour faire ce refus.

ART. 12. Lorsqu'un ouvrier voudra faire coter et parapher un nouveau livret, il représentera l'ancien. Le nouveau livret ne sera délivré qu'après qu'il aura été vérifié que l'ancien est rempli ou hors d'état de servir. Les mentions des lettes seront transportées de l'ancien livret sur le nouveau.

ART. 13. Si le livret de l'ouvrier était perdu, il pourra, sur la présentation de son passeport en règle, obtenir la permission provisoire de travailler, mais sans pouvoir être autorisé à aller dans un autre lieu et à la charge de donner à l'officier de police du lieu la preuve qu'il est libre de tout engagement et tous les renseignements nécessaires pour autoriser la délivrance d'un nouveau livret, sans lequel il ne pourra partir.

Du Contrat de louage d'ouvrage.

I. RÈGLES GÉNÉRALES.

(Loi du 22 germinal an XI.)

ART. 14. Les conventions faites de bonne foi entre les ouvriers et ceux qui les emploient seront exécutées.

Causes de nullité.—Est considéré comme nul et sans effet tout louage d'ouvrage surpris à la bonne foi, contraire aux règles de l'équité ou stipulant un salaire insuffisant.

Interprétation du contrat.—Pour l'interprétation des conventions arrêtées, on suit les règles établies par le Code civil, art. 1156 et suivants.

Exécution réciproque.—Le contrat de louage étant synallagmatique, les conditions du travail ne peuvent être changées que d'un commun accord entre le patron et l'ouvrier.

Quand une convention a été faite entre un patron et un certain nombre d'ouvriers de faire une quantité déterminée de travaux, dans un temps et pour un prix aussi déterminés, le patron ne peut exiger de ces ouvriers, au milieu des travaux, de travailler onze heures au lieu de dix heures qu'ils travaillaient au commencement; mais il peut exiger d'eux de se faire aider par d'autres ouvriers, si leur nombre ne peut suffire pour l'exécution du travail dans le temps fixé. Il ne peut demander les onze heures de travail que pour de nouveaux objets.

Capacité des contractants.—L'ouvrier mineur, non émancipé, mais porteur d'un livret régulièrement délivré, peut contracter sans autorisation de père ou tuteur, mais seulement en ce qui concerne sa profession, tous les engagements qui n'excèdent pas les bornes d'une simple administration (*Moniteur des Conseils de Prud'hommes*, vol. 1, page 207).

Quant au mineur émancipé, il est réputé majeur pour les faits relatifs à son commerce (Code civ., art. 487); il peut donc contracter des engagements de travail, et il n'est pas restituable contre de tels actes, même pour cause de lésion (Code civil, art. 1308).

En cas d'engagement verbal, le défaut d'assistance du mari, du père ou du tuteur fait présumer son autorisation.

Livraison.—*Retard.*—L'ouvrier qui accepte de l'ouvrage moyennant un prix déterminé et avec condition de rabais, faute de rendre à une époque fixée, ne peut se soustraire à ce rabais s'il ne prouve avoir été empêché par des circonstances majeures, imprévues et indépendantes de sa volonté.

Empêchements de travail. — Lorsqu'un ouvrier fait un engagement de travaux moyennant un salaire fixé pour chaque jour de travail et payable chaque semaine, il n'a droit d'exiger le salaire que pour chaque jour de travail effectif, et non pour chaque jour ouvrable.

Cette décision n'est applicable qu'au cas où le

4

chômage dont se plaint l'ouvrier a lieu par suite de la stagnation des affaires et non par le fait du fabricant ; mais dans ce cas, l'ouvrier est dégagé de toute interdiction de travailler pour d'autres fabricants.

Si l'empêchement de travail provient du fait du fabricant, la journée est due à l'ouvrier ; il tombe à la charge de ce dernier, s'il provient d'un cas fortuit ou de force majeure.

Epoque des paiements.—L'ouvrier renvoyé, à défaut d'ouvrage, doit être payé en cessant les travaux ; si les travaux cessent par cas fortuit ou force majeure, l'ouvrier doit attendre le jour de la paye ; il en est de même de l'ouvrier qui quitte volontairement l'atelier ou qui est renvoyé pour incapacité, pour inconduite ou pour tout autre motif résultant de sa faute. S'il n'est pas de règle dans l'atelier de faire la paye à un jour déterminé, il est accordé au patron un délai fixé d'après les usages de la profession.

Si l'ouvrier renvoyé fait un travail à façon, il ne peut exiger le paiement avant que le travail ait été reçu et agreé par le patron qui le lui a commandé.

Dédit.—Un dédit, étant une clause licite, peut être stipulé dans le contrat de louage ; mais comme il établit une véritable peine, la somme à payer peut être réduite par le juge, lorsque l'obligation a été exécutée en partie.

Droits d'enregistrement. — Les baux d'industrie sont soumis au droit de 20 centimes par 100 francs (L. 16 juin 1824, art. 1er).

II. DURÉE DES ENGAGEMENTS DE TRAVAIL.

(L. 22 germinal an XI.)

ART. 15. L'engagement d'un ouvrier ne pourra

excéder un an, à moins qu'il ne soit contre-maître, conducteur des autres ouvriers, ou qu'il n'ait un traitement et des conditions stipulés par un acte exprès.

Cette disposition est de la même nature que celle stipulée par l'art. 1780 du Code civil (Voy. plus bas).

La réciprocité étant une conséquence du contrat de louage, si l'ouvrier s'engage par écrit à travailler plusieurs années dans le même atelier, sous peine de dommages-intérêts, c'est à condition que le fabricant de son côté lui fournira de l'ouvrage pendant le même temps et sous la même peine.

(Code civil.)

ART. 1780. On ne peut engager ses services qu'à temps et pour une entreprise déterminée.

Le Code civil ne déroge point à la loi du 22 germinal an XI, art. 15, qui limite à un an l'engagement contracté par l'ouvrier.

Le patron peut, aussi bien que l'ouvrier, demander la nullité d'un louage de services contracté pour tout le temps de la vie. Il y a des auteurs contraires à cette décision.

La nullité de la stipulation est absolue et peut être invoquée sans dommages-intérêts; c'est au juge à interpréter le contrat de louage et à décider la nature de l'entreprise; la loi s'en rapporte à sa prudence pour discerner la limite qui sépare l'abus de l'usage légitime.

L'ouvrier qui s'oblige, comme condition d'un contrat de louage de services et sous une clause pénale, à ne pas exercer son état dans la ville ou l'arrondissement où son patron est établi, n'est pas, lorsqu'il sortira de la maison de ce dernier, affranchi de son engagement, par cela seul qu'il aurait été congédié, même sans motifs légitimes.

Cependant la clause pénale n'est pas encourue si l'ouvrier a pu croire de bonne foi que cette clause n'était applicable qu'au cas de sortie volontaire ou par sa faute.

La tacite reconduction a lieu dans le louage d'ouvrage comme dans le louage des choses ; sa durée est celle qui est assignée par l'usage aux louages à temps ou à façon.

III. DES SALAIRES.

(Code civil.)

ART. 1710. Le louage d'ouvrage est un contrat par lequel l'une des parties s'engage à faire quelque chose pour l'autre, moyennant un *prix convenu*.

Le louage d'ouvrage a lieu *à temps*, c'est-à-dire à la journée, à la huitaine, au mois, etc., ou *à façon, à la tâche, aux pièces*, c'est-à-dire moyennant un prix proportionné à la quantité de travail que l'ouvrier exécute. Quand l'un ou l'autre de ces modes de travail n'a pas été convenu, le juge consulte les usages de la profession ou du chantier. Ainsi les scieurs de long, les cordeurs de bois, les boutonniers, les arçonniers, travaillent le plus souvent à la tâche ou aux pièces ; les tailleurs de pierre, les charpentiers, à la journée.

Le prix du travail doit se débattre entre les deux parties librement et volontairement ; si le patron peut faire ses conditions, l'ouvrier peut de son côté faire les siennes ; le patron peut proposer un nouveau prix de main-d'œuvre, mais l'ouvrier a incontestablement le droit de le refuser.

C'est au patron, en embauchant un ouvrier, à lui offrir un prix ; si le prix offert ne convient pas, l'ouvrier doit refuser le travail; et réciproquement lorsque le prix demandé par l'ouvrier ne convient pas au patron, celui-ci ne doit point traiter avec lui.

Si l'ouvrier reste cependant dans l'atelier, il est censé avoir accepté tacitement le prix offert; de même que le patron qui continue à occuper un ouvrier sans s'être accordé sur le prix demandé est censé avoir acquiescé à ce prix.

Le patron ne peut plus diminuer un salaire une fois convenu, sous prétexte que l'ouvrier n'est pas assez habile; mais il peut toujours le renvoyer lorsque le terme d'usage est expiré, s'il n'y a convention contraire.

Il ne peut pas non plus, pour payer un prix de journée ou de façon moindre que le prix ordinaire ou convenu, se prévaloir du prix inférieur auquel il a traité lui-même pour la confection de l'objet.

Il ne peut pas non plus faire supporter à l'ouvrier une réduction dans les prix de façon, si cette réduction n'a pas été formellement arrêtée et convenue entre eux, à moins de retard ou de malfaçon.

De son côté, l'ouvrier qui s'aperçoit que le prix de façon convenu entre lui et le fabricant n'est pas assez élevé, et qui n'a pas fait sa réclamation sur-le-champ, ne peut plus être admis à réclamer en profitant d'une augmentation survenue dans les salaires, lorsqu'il a gardé longtemps sans les confectionner les matières à lui remises.

Tout ouvrier qui a été soldé d'une période de jours à un prix déterminé est censé continuer le travail aux mêmes prix et conditions, s'il n'a fait aucune réclamation au patron ou à son représentant.

Le prix une fois convenu, expressément ou tacitement, le juge ne peut ni l'élever ni l'abaisser que pour dommages-intérêts en cas de malfaçon, perte de temps, inexécution des conventions, etc.

4.

Dans le cas de non-convention préalable, lorsqu'un règlement intérieur, affiché dans l'atelier, ou un usage constant et connu des ouvriers du même genre, détermine le prix de la journée ou de la pièce d'ouvrage, c'est à ce règlement, à cet usage constant qu'il faut se rapporter.

Les chefs d'établissement ont le droit de faire des règlements sur l'ordre du travail et la discipline de l'atelier; mais lorsque ces règlements touchent aux conventions antérieures de salaires et de travail, il faut le consentement des ouvriers; ces règlements ne peuvent avoir d'effet rétroactif.

Le tarif doit être fait du consentement libre des deux parties; les patrons et les ouvriers sont sans droit pour l'établir sans le concours des uns et des autres; chacun ne peut consentir une convention que pour soi-même.

Les usages de fabrique ne sauraient prévaloir contre les conventions particulières librement consenties et exécutées; ils n'ont de force qu'en l'absence de conventions.

A défaut de convention, de règlements et d'usages reconnus, si les parties ne peuvent s'entendre à l'amiable, le juge doit décider.

Il y a dans chaque profession un prix moyen de journée ou de façon, prix le plus souvent appliqué soit par les patrons, soit par les administrations publiques qui emploient des ouvriers; c'est ce prix qui sert de base à la décision du juge.

C'est aussi ce prix que doit recevoir l'ouvrier renvoyé pendant le temps d'essai; si le patron ne veut donner qu'un prix inférieur, il doit prévenir l'ouvrier, qui, de même, doit prévenir son patron s'il veut avoir un prix supérieur.

Le prix doit se solder en argent; c'est une règle générale à laquelle il ne peut être dérogé que par des stipulations contraires expressément consenties.

La gratification ne fait point partie du salaire, elle n'en est qu'un accessoire; elle est toujours facultative; et quand même le patron y aurait en quelque sorte habitué ses ouvriers en leur en donnant à des époques fixes, il n'y est point obligé. Il en serait autrement si le patron s'y était engagé par une convention formelle; mais alors ce ne serait plus une gratification, ce serait un salaire.

IV. DE L'AFFIRMATION DU PATRON.

ART. 1781. Le maître est cru sur son affirmation pour la quotité des gages, pour le paiement du salaire de l'année échue, et pour les à-comptes donnés pour l'année courante.

Cet article n'est pas applicable, aujourd'hui que la Constitution, dans son article 13, proclame l'égalité de rapports entre le patron et l'ouvrier.

D'ailleurs, il ne s'appliquerait ni aux commis recevant une quote-part des bénéfices, ni aux cochers des voitures de places, qui ne sont que les facteurs ou préposés des entrepreneurs, ni aux ouvriers à façon, qui sont considérés comme des entrepreneurs à forfait.

V. DE LA FOURNITURE DE LA MATIÈRE.

ART. 1787. Lorsqu'on charge quelqu'un de faire un ouvrage, on peut convenir qu'il fournira seulement son travail ou son industrie, ou bien qu'il fournira aussi la matière.

Lorsque l'ouvrier fournit à la fois son travail et la matière, il y a vente, et non louage d'ouvrage; l'ouvrier devient entrepreneur et sort de la compétence des Prud'hommes.

Cependant, reste justiciable des Conseils de

prud'hommes l'ouvrier qui ne fournit que les accessoires nécessaires à la confection de l'objet, comme l'ébéniste qui fournit le vernis et la colle; le parqueteur qui fournit les clous ; le marbrier-polisseur qui fournit l'encaustique; le cordonnier et le tailleur qui fournissent le fil.

VI. DE LA PERTE DE LA CHOSE.

ART. 1788. Si, dans le cas où l'ouvrier fournit la matière, la chose vient à périr, de quelque manière que ce soit, avant d'être livrée, la perte en est pour l'ouvrier, à moins que le maître ne fût en demeure de recevoir la chose.

ART. 1789. Dans le cas où l'ouvrier fournit seulement son travail ou son industrie, si la chose vient à périr, l'ouvrier n'est tenu que de sa faute.

L'ouvrier doit prouver l'accident qu'il allègue, et s'il prétend que la matière lui a été volée, il doit établir que le vol a eu lieu, et qu'il n'y a eu ni imprudence ni négligence de sa part.

Non-seulement l'ouvrier doit restituer au fabricant la valeur des matières perdues, mais il peut encore être condamné à des dommages-intérêts.

ART. 1790. Si, dans le cas de l'article précédent, la chose vient à périr, quoique sans aucune faute de la part de l'ouvrier, avant que l'ouvrage ait été reçu et sans que le maître fût mis en demeure de le vérifier, l'ouvrier n'a point de salaire à réclamer, à moins que la chose n'ait péri par le vice de la matière.

Si le fabricant a reçu l'ouvrage, ou a été mis en

demeure de le recevoir, le salaire est dû à l'ouvrier.

Si la chose périt par un vice de la matière, le fabricant en subit la perte, à moins que l'ouvrier n'ait su que la chose était impropre à l'usage auquel on la destinait, et qu'il n'ait pas averti le fabricant de ce défaut; il serait dans ce cas passible de dommages-intérêts.

VII. DE LA VÉRIFICATION DE L'OUVRAGE.

ART. 1791. S'il s'agit d'un ouvrage à plusieurs pièces ou à la mesure, la vérification peut s'en faire par parties; elle est censée faite pour toutes les parties payées, si le maître paie l'ouvrier en proportion de l'ouvrage fait.

VIII. DES MALFAÇONS.

ART. 1792. Si l'édifice construit à prix fait périt en tout ou en partie par le vice de la construction, même par le vice du sol, les architecte et entrepreneur en sont responsables pendant dix ans.

Cet article n'est pas restreint aux édifices proprement dits, ou gros ouvrages; la responsabilité s'étend à toute espèce de constructions, notamment à la construction d'un puits.

Les principes de responsabilité applicables aux architectes et entrepreneurs ne s'appliquent pas aux ouvriers quand ils ne travaillent pas à forfait; en conséquence, la mauvaise exécution des travaux n'empêche pas que des ouvriers maçons travaillant à la journée ne réclament leurs salaires (Trib. civil de la Seine, 27 avril 1850).

Cependant, si, sans la permission de l'entrepreneur, l'ouvrier a employé des matériaux tellement défectueux que le vice pouvait en être facilement aperçu, s'il y a eu inobservance des règles de l'art, il y aurait lieu à la demande en garantie de l'entrepreneur contre lui.

L'article 1792 n'est pas non plus applicable aux ouvriers à façon, dont la responsabilité ne dure pas au-delà de la réception faite de l'ouvrage; la réception décharge l'ouvrier de tous risques quant à la matière qui a servi à l'ouvrage reçu; mais s'il y avait vice caché dans la façon, il serait tenu de son dol ou de sa fraude, d'après les principes généraux du droit.

L'ouvrier est seulement responsable des malfaçons qui lui sont personnelles; il doit suivre les ordres et les instructions qui lui sont données; se conformer au type, au modèle, au dessin, au plan tracé; remplir sa tâche, copier exactement; mais il n'est pas tenu de perfectionner. Il y aurait malfaçon s'il retranchait ou ajoutait au modèle.

Dans le cas de malfaçons ou de détériorations, l'ouvrier ne peut alléguer son inexpérience.

Il n'y a pas lieu à responsabilité quand la malfaçon est la conséquence nécessaire du genre d'ouvrage commandé.

Quand l'objet n'est plus en la possession du patron, et qu'il ne peut plus en faire constater l'état, il n'y a pas lieu au rabais de malfaçon.

L'ouvrier n'est pas tenu de garder pour son compte les objets mal confectionnés; il n'est responsable que des malfaçons.

IX. DE L'AUGMENTATION DU PRIX EN CAS DE CHANGEMENTS DANS LES TRAVAUX.

ART. 1793. Lorsqu'un architecte ou un entrepreneur s'est chargé de la construction à forfait d'un bâtiment, d'après un plan arrêté et convenu avec le propriétaire du sol, il ne peut demander aucune augmentation de prix, ni sous le prétexte de l'augmentation de la main-d'œuvre ou des matériaux, ni sous celui de changements ou d'augmentations faits sur ce plan, si ces changements ou augmentations n'ont pas été autorisés par écrit et le prix convenu avec le propriétaire.

X. DE LA RÉSILIATION DES ENGAGEMENTS DE TRAVAIL. INDEMNITÉ.

ART. 1794. Le maître peut résilier, par sa seule volonté, le marché à forfait. quoique l'ouvrage soit déjà commencé, en dédommageant l'entrepreneur de toutes ses dépenses, de tous ses travaux et de tout ce qu'il aurait pu gagner dans l'entreprise.

Un marché à forfait peut être résilié par la seule volonté du patron. dans quelque état que se trouve l'ouvrage ; il suffit qu'il ne soit pas entièrement achevé (Bastia, 26 mars 1838).

La résiliation autorisée pour les marchés à forfait, l'est à plus forte raison pour les marchés à tant la mesure ou la pièce (TROPLONG , *Louage* , n° 1028).

On doit payer à l'ouvrier le bénéfice entier qu'il aurait fait si l'entreprise eût été conduite à fin ; mais on ne doit pas comprendre dans ce bénéfice le profit qu'il aurait pu tirer d'autres marchés qu'il a refusés, par suite de celui dont il s'était chargé, (TROPLONG et DUVERGIER, *Louage*.)

L'indemnité dont parle l'article 1794 n'est due que lorsque la résiliation a lieu par le fait seul du patron, et non lorsque l'ouvrier a donné lieu à la rupture par un fait qui lui est personnellement imputable.

L'article 1794 n'est pas applicable au cas où l'ouvrier travaille sur sa propre chose.

Le droit de résiliation n'appartient pas à l'ouvrier; mais comme il ne peut être contraint par la force à exécuter ce qu'il ne veut pas faire, il est tenu de dommages-intérêts à arbitrer par le juge (TROPLONG, n° 1031).

En règle générale, l'engagement finit avec la tâche, si c'est un louage à façon, et à la fin de la journée ou du mois, si c'est un louage à temps. Cependant les usages locaux ont fait admettre certaines règles qui doivent être observées. A Paris, l'avertissement réciproque est de huitaine dans le louage à temps, à moins que l'ouvrier n'ait une grève où il puisse aller se faire embaucher ; dans ce cas, il peut n'être averti que la veille en quittant les travaux.

Dans le louage à façon, l'entreprise étant terminée, les deux parties sont réciproquement libres de se quitter ; l'ouvrier ne peut contraindre le patron à le garder, et le patron ne peut retenir l'ouvrier, quel que soit le besoin qu'il puisse en avoir.

Le patron qui n'exécute pas envers un ouvrier les conventions arrêtées, et le renvoie sans motifs légitimes et sans lui donner le temps accordé par l'usage, lui doit une indemnité proportionnée au préjudice souffert.

L'indemnité dans le louage à temps doit être de tout le salaire de l'ouvrier pendant le délai ordinaire des congés, et dans le louage à façon, de tout le gain dont a été privé l'ouvrier.

L'indemnité peut être réduite par le juge, si le patron donne pour motif du renvoi de l'ouvrier, la contravention à un article du règlement affiché dans l'atelier.

Elle doit être accordée lorsqu'un chef d'établissement a provoqué par de graves imputations le manque de respect d'un ouvrier, et qu'il le renvoie sans avertissement préalable.

Lorsqu'un ouvrier met le trouble et le désordre dans un atelier par des paroles ou des actes d'insubordination, par un manque de respect qui enlève au chef l'autorité dont il a besoin, la résiliation du contrat s'ensuit sans indemnité.

Il n'y a pas lieu à dommages-intérêts lorsque les travaux sont interrompus par cas fortuit ou force majeure, de même que l'ouvrier qui abandonne les travaux pour des causes indépendantes de sa volonté ne doit aucune indemnité.

De même que le patron, l'ouvrier est tenu à indemnité, quand il ne remplit pas ses obligations ou n'observe pas les délais du congé. L'indemnité ne peut jamais s'élever à plus de la valeur d'une année de travail.

Il y a lieu à indemnité de la part de l'ouvrier qui quitte l'atelier sans motif et sans avertissement ; s'il allègue un motif, par exemple les mauvais procédés du patron, le juge intervient ; si les travaux sont pressés et si l'ouvrier a été mis en demeure, le contre-maître est fondé à les faire finir par un autre ouvrier.

A droit à une indemnité, l'ouvrier débauché d'un autre atelier par un patron pour entrer dans le sien, lorsque le nouveau patron change les prix de façon convenus lors de l'embauchage et force par là l'ouvrier à quitter son atelier.

Mais l'ouvrier qui est allé lui-même chercher du travail et s'embaucher à un prix de façon déterminé pour un certain ouvrage n'a pas le même droit, si le patron lui offre un prix moins fort pour un nouveau travail.

Doit une indemnité à son patron, l'ouvrier qui obtient par dol la résiliation de son engagement

5

sous prétexte de maladie et se place chez un nouveau patron.

Lorsque des conventions de travail ont été faites pour un temps déterminé avec stipulation d'une indemnité en cas d'inexécution, s'il survient entre les parties une grave mésintelligence qui ne permette pas d'espérer que le contrat puisse continuer à recevoir son exécution, c'est celui par le fait duquel la mésintelligence est survenue qui doit payer l'indemnité de résiliation.

XI. DE LA DISSOLUTION DU CONTRAT DE LOUAGE PAR LA MORT DE L'UNE DES PARTIES.

ART. 1795. Le contrat de louage d'ouvrage est dissous par la mort de l'ouvrier, de l'architecte ou entrepreneur.

ART. 1796. Mais le propriétaire est tenu de payer, en proportion du prix porté par la convention, à la succession, la valeur des ouvrages faits et celle des matériaux préparés, lors seulement que ces travaux ou ces matériaux peuvent être utiles.

Ces articles ne s'appliquent pas au cas où l'ouvrier travaille sur sa propre chose.

La résiliation est réciproque : elle peut donc être réclamée soit par le patron ou l'ouvrier survivant, soit par les héritiers du décédé.

Quand, à la mort de l'ouvrier, une partie de l'ouvrage seulement est confectionnée, le patron est tenu de payer à la succession la valeur du temps employé ou de l'ouvrage fait, à moins qu'il né prouve que l'objet ne peut lui profiter. Dans tous les cas, il n'est pas tenu de laisser achever l'ouvrage par un autre ouvrier au choix des héritiers du défunt.

Le louage d'ouvrage n'est pas résolu par la faillite de l'entrepreneur, comme il l'est par son décès: dans ce cas la masse est tenue de remplir les engagements contractés par le failli, et les ouvriers peuvent exiger que le paiement de leurs salaires soit garanti par une caution solvable.

XII. DE LA RESPONSABILITÉ DES PATRONS POUR FAITS DE LEURS OUVRIERS.

ART. 1797. L'entrepreneur répond du fait des personnes qu'il emploie.

ART. 1384. On est responsable non-seulement du dommage que l'on cause par son propre fait, mais encore de celui qui est causé par le fait des personnes dont on doit répondre, ou des choses que l'on a sous sa garde : les maîtres et les commettants, du dommage causé par leurs domestiques et préposés dans les fonctions auxquelles ils les ont employés. Cette responsabilité cesse dès qu'ils prouvent qu'ils n'ont pu empêcher le fait qui y donne lieu.

Lorsqu'un ouvrier, dans l'exécution d'un ouvrage commandé par l'entrepreneur, a causé à autrui préjudice par son fait, son imprudence ou sa négligence, l'entrepreneur en est avec lui solidairement responsable (Paris, 15 avril 1847).

Mais il n'est pas responsable d'un accident arrivé à un de ses ouvriers par l'imprudence d'un autre ouvrier travaillant également pour lui (Lyon, 29 déc. 1836). Cette question est controversée par les auteurs.

Les contraventions à un règlement ou ordonnance de police qui impose certaines obligations pour l'exercice d'une industrie sont poursuivies directement contre l'entrepreneur ; il est passible des peines dont ces contraventions entraînent l'application, lors même que les ouvriers par lui employés en seraient les auteurs (Cass., 15 janvier, 1841).

Cependant cette responsabilité de l'entrepreneur ne s'étend pas aux peines corporelles encourues par l'auteur du délit : elle est restreinte aux dommages-intérêts ou réparations civiles et aux dépens.

Responsabilité de l'entrepreneur vis-à-vis du traiteur et du logeur de l'ouvrier.—Si l'ouvrier n'a pas demandé à son patron de répondre pour ses dépenses ou si celui-ci n'a pas indiqué au premier les lieux où il trouverait la nourriture et le logement, le Conseil n'a pas à s'occuper des dettes de l'ouvrier dans le règlement des comptes; il ne peut intervenir qu'officieusement.

Dans le cas contraire, le Conseil admet au règlement les réclamations du logeur et du traiteur, mais seulement jusqu'à concurrence d'une somme proportionnée à une dépense journalière raisonnable, rejetant du règlement toute dépense excessive et abusive, non fondée sur des besoins réels.

XIII. DE L'ACTION DES OUVRIERS CONTRE LE PROPRIÉTAIRE.

ART. 1798. Les maçons, charpentiers et autres ouvriers qui ont été employés à la construction d'un bâtiment, n'ont d'action contre celui pour lequel les ouvrages ont été faits que jusqu'à concurrence de ce dont il se trouve débiteur envers l'entrepreneur, au moment où leur action est intentée.

Les ouvriers d'un entrepreneur ont, pour le

paiement de leurs salaires, une action directe contre le propriétaire pour lequel les constructions sont faites; même en cas de faillite de l'entrepreneur, ils doivent être payés par préférence à tous autres créanciers du failli, sur les sommes que reste devoir le propriétaire (Douai, 18 avril 1833).

Mais si le propriétaire a payé de bonne foi l'entrepreneur avant que les ouvriers intentent leur action, ceux-ci n'ont plus de recours que contre leur patron (Lyon, 21 janv. 1846).

L'action directe accordée aux ouvriers n'appartient pas aux fournisseurs de matériaux ni aux commis aux écritures, mais à ceux seulement dont la créance a pour cause la main-d'œuvre (TROPLONG, *Louage*, n° 1052).

Les ouvriers auxquels l'entrepreneur a cédé son droit sur les sommes dues par le propriétaire doivent être payés sur ces sommes par préférence à tous autres cessionnaires ou délégataires ultérieurs (Caen, 6 juill. 1830).

Mais la cession antérieure qu'a faite l'entrepreneur met obstacle à toute action directe des ouvriers; ceux-ci ne peuvent dès-lors exercer leur action que sur la partie de la créance qui ne serait pas cédée (Lyon, 21 janv. 1846).

Les quittances constatant le paiement du propriétaire peuvent être opposées aux ouvriers, quoiqu'elles n'aient pas de date certaine (TROPLONG, *Louage*, n° 1051).

Un décret du 26 pluviôse an 11 confère aux ouvriers et fournisseurs des entrepreneurs de travaux publics un droit de préférence sur les sommes dues par l'État à ces entrepreneurs. Mais les dispositions de ce décret ne sont point applicables au cas de travaux exécutés pour le compte d'une commune (Lyon, 21 janv. 1846).

5.

XIV. APPLICATION DES RÈGLES PRÉCÉDENTES AUX SOUS-ENTREPRENEURS.

ART. 1719. Les maçons, charpentiers, serruriers et autres ouvriers qui font directement des marchés à prix fait, sont astreints aux règles prescrites dans la présente section ; ils sont entrepreneurs dans la partie qu'ils traitent.

XV. DE LA PRESCRIPTION DE L'ACTION EN PAIEMENT DE SALAIRES

ART. 2271. L'action des ouvriers et gens de travail, pour le paiement de leurs journées, fournitures et salaires, se prescrit par six mois.

ART. 2272. L'action des marchands pour les marchandises qu'ils vendent aux particuliers non marchands, celle des domestiques qui se louent à l'année pour le paiement de leurs salaires, se prescrivent par un an.

L'action des patrons contre les ouvriers ne se prescrit que par le laps de trente ans.

La prescription de six mois s'applique à un contre-maître employé à tant par jour, comme à un simple ouvrier travaillant à la journée.

Elle n'est pas applicable aux ouvriers à façon ; leur action pour le paiement des façons ne se prescrit que par trente ans (MOLLOT , *Compétence*, n° 213 ; TROPLONG, *Prescription*, n° 654).

Elle ne s'applique pas non plus aux ouvriers avec lesquels on a un traité à forfait, encore bien qu'on leur ait fourni les matériaux.

La prescription a lieu quoi qu'il y ait eu continuation de fournitures, livraisons, services et travaux. Elle ne cesse de courir que lorsqu'il y a eu compte arrêté, cédule ou obligation, ou citation en justice non périmée; la lettre d'invitation du secrétaire interrompt la prescription.

Le serment peut être déféré contre la partie adverse sur la question de savoir si la somme réclamée a été réellement payée.

L'article 2272 s'applique aux commis, employés et contre-maîtres, dont les salaires sont payables par année.

XVI. DU PRIVILÉGE DES OUVRIERS.

ART. 2101. Les créances privilégiées sur la généralité des meubles sont celles ci-après exprimées : 1°.... 4° les salaires des gens de service pour l'année échue, et ce qui est dû sur l'année courante....

Le privilége du propriétaire pour ses loyers prime celui des gens de service pour leurs salaires (Paris, 25 fév. 1832).

Sont réputés gens de service et privilégiés, les commis des négociants, les contre-maîtres ou chefs ouvriers (Paris, 15 fév. 1836, et Colmar, 10 déc. 1822).

Ne sont pas réputés gens de service, les ouvriers (Paris, 30 juil. 1828); notamment ceux d'une fabrique (Lyon, 6 mai 1842); ni ceux qui sont salariés à la pièce, au mois et à la journée (Paris, 1er août 1834).

Le privilége accordé par l'art. 2101 ne s'applique qu'à ceux qui louent leurs services à temps et pour un prix déterminé ; il ne peut être prétendu par ceux qui sont employés habituellement dans une maison, mais sans gages fixes (Cass. 10 fév. 1829).

Un conducteur de travaux de maçonnerie et de charpente ne rentre pas dans la catégorie des gens de service (Paris, 29 mars 1837).

Art. 2102. Les créances privilégiées sur certains meubles sont : 1°... 3° les frais faits pour la conservation de la chose....

L'ouvrier a privilége pour son salaire sur la chose qu'il a faite ou réparée, ces salaires représentant des frais faits pour la conservation ou l'augmentation de la chose ; il peut être autorisé à retenir l'objet confectionné à titre de gage, jusqu'à ce qu'il ait reçu le prix de son travail (Paris , 16 août 1826 ; TROPLONG , *Louage*, n° 2102).

Est privilégié sur chacune des parties façonnées pour le paiement de la totalité de son salaire pour façon, l'ouvrier à qui ont été confiées tout à la fois plusieurs parties de matières premières pour les façonner (Rouen, 18 juin 1825).

S'il a rendu toutes les marchandises, son privilége expire, parce qu'il a suivi la foi du fabricant (Cass. 17 mars 1829).

S'il a retenu sur chaque livraison d'objets confectionnés un des objets comme suffisant pour le remplir de ses salaires, son privilége est conservé (Rouen, 25 fév. 1829).

S'il avait déjà livré d'autres objets sans paiement, les objets détenus peuvent être repris en acquittant la façon, sans qu'on soit obligé d'acquitter le prix des façons des premiers (Angers, 6 juillet 1826).

L'ouvrier qui, en paiement du prix de confection ou de réparation d'un objet, accepte un billet à ordre, fait novation à la créance et perd tout privilége sur l'objet (Lyon, 29 mars 1833).

Les frais d'équarrissage de bois de construction, sont privilégiés comme ayant été faits pour la conservation de la chose ; mais ce privilége ne peut s'exercer sur les bois équarris que tant qu'ils se trouvent en la possession du débiteur (Rouen , 23 mars 1844).

ART. 2103. Les créanciers privilégiés sur les immeubles sont : 1°... 4° les architectes, entrepreneurs, maçons et autres ouvriers employés pour édifier, reconstruire ou réparer des bâtiments, canaux ou autres ouvrages quelconques, pourvu néanmoins que, par un expert nommé d'office par le tribunal de première instance dans le ressort duquel les bâtiments sont situés, il ait été dressé préalablement un procès-verbal à l'effet de constater l'état des lieux , relativement aux ouvrages que le propriétaire déclarera avoir dessein de faire et que les ouvrages aient été, dans les six mois au plus de leur perfection, reçus par un expert également nommé d'office ; mais le montant du privilége ne peut excéder les valeurs constatées par le second procès-verbal, et il se réduit à la plus-value existante à l'époque de l'aliénation de l'immeuble et résultant des travaux qui y ont été faits ; 5° ceux qui ont prêté les deniers pour payer ou rembourser les ouvriers jouissent du même privilége, pourvu que cet emploi soit authentiquement constaté par l'acte d'emprunt et par la quittance des ouvriers.

Le privilége accordé par cet article doit être exercé sur la plus-value que les travaux ont donnée à l'immeuble, soit que les réparations fussent de conservation ou de simple amélioration, nécessaires ou simplement utiles (TROPLONG, *Louage,* n° 243).

Il ne prend rang qu'à la date de l'inscription du procès-verbal qui constate l'état des lieux avant le commencement des travaux, et non à partir de l'exécution des travaux (Id. n° 322).

XVII. DU PRIVILÉGE EN CAS DE FAILLITE.

(Code de commerce.)

ART. 549. Le salaire acquis aux ouvriers employés directement par le failli, pendant le mois qui aura précédé la déclaration de faillite, sera admis au nombre des créances privilégiées au même rang que le privilége établi par l'article 2101 du Code civil, pour le salaire des gens de service (*Voy.* page 55).

Les salaires dus aux commis pour les six mois qui auront précédé la déclaration de faillite seront admis au même rang.

Ces salaires ou appointements sont privilégiés sur la généralité des meubles, et subsidiairement sur tous les immeubles du débiteur. Le privilége est dispensé d'inscription ; il passe avant le privilége du boucher et du boulanger, et vient immédiatement après les frais de justice, les frais funéraires et ceux de dernière maladie.

XVIII. DE LA RÉTENTION DES OUTILS.

(Code de procédure civile.)

ART. 592. Ne pourront être saisis : 1°... 6° les outils des artisans nécessaires à leurs occupations personnelles.

ART. 593. Lesdits objets ne pourront être saisis pour aucune créance, même celle de l'Etat, si ce n'est pour aliments fournis à la partie saisie, ou sommes dues aux fabricants ou vendeurs desdits objets, ou à celui qui aura prêté pour les acheter, fabriquer ou réparer... et pour loyers des lieux servant à l'habitation personnelle du débiteur.

S'il n'est permis de *saisir* que dans les formes légales et dans les cas spécifiés par l'article 593, à plus forte raison n'est-il pas permis au patron de *retenir*.

Le patron qui a avancé des fonds à un ouvrier pour achat d'outils n'a pas non plus le droit de faire saisir et vendre pour recouvrer ces avances le mobilier de son débiteur, ni de saisir-arrêter des valeurs ou les salaires dus à celui-ci; il ne peut que charger le livret de l'ouvrier de la somme due à sa sortie, et s'en faire rembourser par la retenue du cinquième (*Voy.* page 34).

XIX. DU MARCHANDAGE ; DE LA TACHE ET DE LA SOUS-ENTREPRISE.

(Décret du 2 mars 1848.)

L'exploitation des ouvriers par des sous-entrepreneurs est abolie. Il est bien entendu que les associations d'ouvriers qui n'ont point pour objet l'exploitation des ouvriers les uns par les autres ne sont pas considérées comme marchandage.

(Décret du 21 mars 1848.)

Toute exploitation de l'ouvrier par voie de marchandage sera punie d'une amende de 50 à 100 fr. pour la première fois; de 100 à 200 fr. en cas de récidive; et, s'il y a double récidive, d'un emprisonnement qui pourrait aller de un à six mois. Le produit des amendes sera destiné à secourir les invalides du travail.

Il résulte de la rédaction de l'article 6 du décret

du 9 septembre 1848, que les décrets ci-dessus des 2 et 21 mars ont toujours force et vigueur.—Le décret du 9 septembre n'abroge le décret du 2 mars que dans la partie relative aux heures de travail (*Voy.* page 63).

C'est le procureur de la République qui doit être saisi, par la partie, de la plainte contre le patron et le marchandeur, pour faire appliquer la peine par le Tribunal de police correctionnelle. Les Prud'-hommes sont incompétents à cet égard ; seulement ils pourraient constater le fait de marchandage et le porter à la connaissance du parquet.

Avant le décret du 2 mars, les tâcherons et mar-chandeurs avaient déjà été considérés comme les mandataires de l'entrepreneur, et celui-ci était dé-claré responsable, à leur défaut, des sommes qu'ils restaient devoir à leurs ouvriers, quand même des quittances présentées par lui auraient prouvé qu'il avait soldé le prix du marché.

La Cour de cassation, par un arrêt de 1845, a rendu un entrepreneur responsable de ses sous-traitants, alors même que, par des affiches appo-sées dans les chantiers, il aurait annoncé n'entendre prendre à sa charge, au regard des ouvriers, aucune des obligations qui seraient contractées par les sous-traitants.

Aujourd'hui que le marchandage est aboli, le marchandeur est devenu le commis, le contre-maître, le préposé du patron ; le marché qui les lie, les reçus que le marchandeur a donnés, les comptes qu'il rend à son patron, les termes de paiement dont ils sont convenus, toutes ces conventions sont étrangères à l'ouvrier, qui ne doit plus reconnaître que le patron.

Mais si le marchandeur a arrêté des prix de fa-çon et de journée avec l'ouvrier, celui-ci est tenu par la convention, le marchandeur ayant agi au nom du patron et comme son délégué.

Il y a trois espèces de marchandage, le marchandage individuel ou tâche banale, le marchandage collectif, et le marchandage avec emploi d'ouvriers subordonnés. Ce dernier est le seul atteint par la loi.

Il faut aussi distinguer du marchandage la sous-entreprise ou l'entreprise particulière. Le sous-entrepreneur est patenté ; il a été substitué par un marché sérieux aux droits et obligations de l'entrepreneur général ; il traite directement avec les fournisseurs et les ouvriers ; la paye est faite par lui-même ou par ses délégués ; il fait travailler dans ses propres ateliers : il est patron. L'entrepreneur général ne pourrait être actionné par les ouvriers que dans le sens de l'article 1798 du Code civil (Voy. page 53).

Mais si les ouvriers, d'après les faits, ont dû croire qu'ils travaillaient pour l'entrepreneur principal et à son compte, s'il les a embauchés lui-même, s'il leur a fait des promesses personnelles pour les attirer ou les retenir dans l'atelier, s'il les a payés de ses deniers par l'intermédiaire du tâcheron, s'il a dirigé lui-même les travaux, le marché n'est qu'une simulation, et le sous-entrepreneur est présumé n'avoir agi avec les ouvriers qu'en qualité de préposé intéressé, et dès-lors, l'entrepreneur est tenu de toutes les obligations de son mandataire.

La patente indique, mais ne constitue pas le fabricant ou l'entrepreneur : ainsi, le tâcheron pourvu de patente n'est pas nécessairement entrepreneur, comme aussi celui qui n'a pas de patente n'est pas nécessairement tâcheron ; c'est la nature des actes, les conditions du traité et d'autres circonstances appréciables par le juge, qui font faire la distinction entre eux.

Par l'article 4 des clauses et conditions imposées aux entrepreneurs de travaux publics, il leur est défendu de céder tout ou partie de leur entreprise. L'entrepreneur qui aurait contrevenu à cette défense pourrait être déclaré responsable de son sous-traitant à l'égard des ouvriers.

XX. DES HEURES DE TRAVAIL.
(Décret du 9 septembre 1848.)

ARTICLE 1er. La journée de l'ouvrier dans les manufactures et usines ne pourra excéder douze heures de travail effectif.

ART. 2. Des règlements d'administration publique détermineront les exceptions qu'il sera nécessaire d'apporter à cette disposition générale, à raison de la nature des industries ou de causes de force majeure.

ART. 3. Il n'est porté aucune atteinte aux usages et aux conventions qui, antérieurement au 2 mars, fixaient pour certaines industries la journée de travail à un nombre d'heures inférieur à douze.

ART. 4. Tout chef de manufacture ou usine qui contreviendra au présent décret et aux règlements d'administration publique promulgués en exécution de l'art. 2 sera puni d'une amende de 5 fr. à 100 francs.

ART. 5. Les contraventions donneront lieu à autant d'amendes qu'il y aura d'ouvriers indûment employés, sans que ces amendes réunies puissent s'élever au-dessus de 1,000 francs.

Le présent article ne s'applique pas aux usages locaux et conventions indiquées par la présente loi.

L'art. 468 du Code pénal pourra toujours être appliqué.

Art. 6. Le décret du 2 mars, en ce qui concerne la limitation des heures du travail, est abrogé.

Par un décret du 2 mars 1848, le Gouvernement provisoire avait limité la journée de travail à dix heures à Paris, et à onze heures en province ; par un autre décret du 3 mars, la durée du travail effectif dans Paris et la banlieue était fixée à dix heures pour toutes les professions ; une proclamation du 9 du même mois appliquait le décret du 2 mars au travail des femmes. Enfin un décret du 4 avril édictait des peines d'amende et de prison contre tout chef d'atelier qui aurait exigé de ses ouvriers plus de dix heures de travail. La loi ci-dessus a abrogé ces différents décrets.

On peut consulter pour les anciens usages l'ordonnance de police du 26 septembre 1806, et pour la durée du travail des enfants dans les manufactures la loi du 22 mars 1841 (*Voy.* page 147).

Les travaux qui exigent l'emploi de marteaux, machines et appareils susceptibles d'occasionner des percussions et un bruit assez considérable pour retentir hors des ateliers et troubler la tranquillité des habitants, doivent être interrompus, depuis le 1er avril jusqu'au 3 septembre, de neuf heures du soir à quatre heures du matin, et depuis le 1er octobre jusqu'au 31 mars, de neuf heures du soir à cinq heures du matin (Ord. de police du 31 oct. 1829).

XXI. DES COALITIONS.

On appelle *coalition* la réunion ou l'association de plusieurs personnes intéressées à un même commerce ou à un même genre d'industrie, dans le but de faire produire à ce commerce ou à cette industrie, par force et par contrainte, des résultats qu'ils ne produiraient pas s'ils étaient abandonnés à leur mouvement propre et naturel.

Les coalitions ont pour effet manifeste de détruire ou de modifier les effets de la concurrence et de la proportion entre les offres et les demandes. Elles sont donc contraires à la liberté du commerce, de l'industrie et du travail, et, par conséquent, à la Constitution, qui, par son art. 13, garantit cette liberté.

(L. 27 nov. 1849, modificative du Code pénal.)

ART. 414. Sera punie d'un emprisonnement de six jours à trois mois et d'une amende de 16 fr. à 3,000 francs :

1° Toute coalition entre ceux qui font travailler des ouvriers, tendant à forcer l'abaissement des salaires, s'il y a eu tentative ou commencement d'exécution ;

2° Toute coalition de la part des ouvriers pour faire cesser en même temps de travailler, interdire le travail dans un atelier, empêcher de s'y rendre avant ou après certaines heures, et, en général, pour suspendre, empêcher, renchérir les travaux, s'il y a eu tentative ou commencement d'exécution.

Dans les cas prévus par les deux paragraphes précédents, les chefs ou moteurs seront punis d'un emprisonnement de deux ans à cinq ans.

L'association a toujours un objet licite. Des personnes qui réunissent leurs capitaux et leur industrie pour une entreprise légale ne peuvent être considérées comme coalisées, parce que, quel que soit leur nombre, elles ne forment qu'une seule personne morale (Cass., 29 juin 1836).

Il faut, pour qu'il y ait coalition dans le sens de la loi pénale, que l'abaissement des salaires soit injuste et abusif; rien ne s'oppose à ce que les patrons s'entendent et se concertent pour déter miner équitablement le salaire de l'ouvrier, eu égard au prix de la chose fabriquée.

L'art. 414 est applicable, alors même que la coalition n'était dirigée que contre un seul établissement et n'a effectué la hausse ou la baisse qu'à l'égard de cet établissement.

Il y a délit de coalition, lorsque des ouvriers se concertent pour empêcher l'exécution de conventions entre le patron et un ouvrier pour des travaux à l'entreprise, alors surtout que, pour parvenir à ses fins, ils frappent l'atelier d'interdit (Trib. corr. de la Seine, 27 oct. 1843).

Il y a délit de coalition, lorsque des ouvriers, après s'être concertés pour frapper un atelier d'interdit, imposent au fabricant, pour reprendre les travaux, l'obligation de congédier deux ouvriers qui n'ont pas obéi à leurs menaces (Trib. corr. de la Seine, 11 oct. 1843).

L'abandon et le refus de travail ne sont criminels que quand ils sont arbitraires, injustes et abusifs. Ainsi, quand les engagements sont accomplis, refuser de les renouveler, si ce n'est à de telles conditions, c'est user d'un droit essentiel qui est la liberté de l'industrie.

Il y a faute punissable dans la prétention de forcer un ouvrier à exiger un salaire supérieur à celui qu'il demande lui-même.

Art. 415. Seront aussi punis des peines portées dans l'article précédent et d'après les mêmes distinctions, les directeurs d'atelier ou entrepreneurs d'ouvrage, et les ouvriers qui, de concert, auront prononcé des amendes autres que celles qui ont pour objet la discipline intérieure de l'atelier, des défenses, des interdictions, ou toutes proscriptions sous le nom de damnation ou sous quelque qualification que ce puisse être, soit de la part des directeurs d'atelier ou entrepreneurs contre les ouvriers, soit de la part de ceux-ci contre les directeurs d'atelier ou entrepreneurs, soit les uns contre les autres.

ART. 416. Dans les cas prévus par les deux articles précédents, les chefs ou moteurs pourront, après l'expiration de leur peine, être mis sous la surveillance de la haute police pendant deux ans au moins et cinq ans au plus.

Pour les effets de cette surveillance, *V.* Code 'instruction criminelle, art. 44.

d *Compétence.*—C'est au tribunal de police correctionnelle qu'appartient la répression sur la poursuite du ministère public. Les Conseils de prud'hommes peuvent cependant, sur la demande des parties, intervenir, soit par la voie civile en prévenant par la conciliation l'éclat d'un retentissement punissable, soit par la voie disciplinaire en réprimant les désordres d'atelier qui sont souvent les précurseurs de délits plus graves auxquels s'appliquent les peines de la coalition.

XXII. PÉNALITÉS QUI CONCERNENT L'INDUSTRIE.
(Code pénal.)

Vol.—ART. 386. Sera puni de la peine de la réclusion, tout individu coupable de vol dans l'un des cas ci-après : 1°..... 3° si le voleur est un domestique ou un homme de service à gages, même lorsqu'il aura commis le vol envers des personnes qu'il ne servait pas, mais qui se trouvaient soit dans la maison de son maître, soit dans celle où il l'accompagnait, ou, si c'est un ouvrier, compagnon ou apprenti, dans la maison, l'atelier ou le magasin de son maître ; ou un individu travaillant habituellement dans l'habitation où il aura volé.

Embauchage. — ART. 417. Quiconque, dans la vue de nuire à l'industrie française, aura fait passer en pays étranger, des directeurs, commis ou des ouvriers d'un établissement, sera puni d'un emprisonnement de six mois à deux ans et d'une amende de 50 fr. à 300 francs.

Secrets de fabrique. — ART. 418. Tout directeur, commis, ouvrier de fabrique, qui aura communiqué à des étrangers, ou à des Français résidant en pays étranger, des secrets de la fabrique où il est employé, sera puni de la réclusion et d'une amende de 500 à 2,000 francs. Si ces secrets ont été communiqués à des Français résidant en France, la peine sera d'un emprisonnement de trois mois à deux ans et d'une amende de 16 fr. à 200 francs.

Statistique.

Affaires portées devant le Conseil des Industries diverses, depuis le 15 septembre 1847 jusqu'au 31 décembre 1849.

1re CATÉGORIE.

Imprimeurs typographes, fondeurs en caractères, graveurs. 142

Imprimeurs lithographes, écrivains, graveurs, dessinateurs. 102

Imprimeurs en taille-douce, en musique, graveurs. 21

Brocheurs, relieurs, satineurs, régleurs, fabricants de registres. 51

_____

316

2e CATÉGORIE.

Sculpteurs en bois, ivoire, corne, os. . . 148
Doreurs sur bois. 32
Ébénistes, fabricants de caisses de pianos, menuisiers en fauteuils. 516
Menuisiers antiquaires. 13
Tourneurs sur bois, corne, os, nacre, billes, ivoire. 88
Tabletiers, fabricants de peignes, de boutons, de cannes, d'éventails. . . . 89
Parapluies (crosses et carcasses). . . . 9
Pailleurs, canneurs. 8
Bimbelotiers. 9
Marqueteurs. 5
Découpeurs. 6
Brossiers, pinceautiers. 28

_____

A reporter. . . . 951

Report. . . .	951
Billardiers..	7
Vanniers.	9
Fabricants de nécessaires.	7
Chaufiretiers.	3
	977

3e CATÉGORIE.

Menuisiers en bâtiment.	1393
Parqueteurs.	126
Menuisiers-rampistes, mouluriers, modeleurs, outilleurs, treillageurs, mécaniciens.	44
Menuisiers en voitures, charrons.	143
Layetiers-emballeurs, coffretiers-malletiers	29
Formiers.	5
Tonneliers.	35
	1775

4e CATÉGORIE.

Charpentiers de bâtiment.	390
Charpentiers-mécaniciens.	4
Charpentiers de bateaux.	7
Scieurs de long.	170
Scieurs à la mécanique.	20
Bûcherons. , ...	8
	599

5e CATÉGORIE.

Maçons, briqueteurs, carreleurs.	1212
Tailleurs de pierres.	416
Scieurs de pierres	251
Piqueurs de grès, de meulières.	50
Démolisseurs.	24
Poseurs de trottoirs, bitumiers.	34
A reporter. . . .	1987

Report. . . 198

Terrassiers, gravatiers, dragueurs, casseurs
et emmétreurs de pierres, sondeurs
et foreurs de puits, tireurs de sable. 53

Couvreurs. . . . . • 8

Paveurs. 14

Poêliers-fumistes. 6

Sculpteurs sur pierres et plâtre, mouleurs
en plâtre, figuristes, stucateurs. . . . 4

285

6ᵉ CATÉGORIE.

Chaufourniers, plâtriers. 2

Carriers, glaisiers. 22

Marbriers, albâtriers. 11

Briquetiers, potiers de terre (bâtiment). . 8

Voituriers. 18

62

RÉSUMÉ.

1ʳᵉ catégorie. 31

2ᵉ   — 97

3ᵉ   — 177

4ᵉ   — 59

5ᵉ   — 285

6ᵒ   — 62

TOTAL. . . 714

inscriptions de causes pour deux ans trois mois e
quinze jours; l'année 1850 en donnera près de 4,500

Causes appelées à la barre du Conseil, en 1849.

Le nombre des causes enregistrées au secréta
riat est de. 341

Affaires conciliées par le bureau particu-
ier. 2470
Affaires retirées par les parties avant
que le bureau ait statué. 582
N'ont pu être conciliées. 359

Affaires jugées en dernier ressort. . . 135
— susceptibles d'appel. . . . 63
— retirées avant le jugement. . 161

Tous les jugements par défaut ont été rendus
contre des patrons : des jugements contradictoi-
res, six seulement sont rendus contre des ouvriers ;
ceux-ci étaient demandeurs dans 3,374 affaires, et
les patrons dans 37 affaires.

*Les affaires se divisent de la manière suivante,
d'après la nature de la contestation.*

Demande en paiement de salaires. . . 1447
Discussion sur le prix de la journée de
travail. 575
Discussion sur le nombre d'heures de
travail. 127
Questions d'apprentissage. 97
Estimation de travaux. 277
Règlements de comptes. 351
Règlements de mémoires. 155
Demande en congé d'acquit. 7
Indemnité pour temps perdu. . . . 35
Questions relatives au livret. 33
Demande de certificats de travail. . . 11
Questions relatives aux associations ou-
vrières. 22
Demande en livraison de travaux. . . 25

A *reporter.* . . . 3162

Report. . .	3162
Indemnité pour renvoi sans avertissement.	23
Contestations sur conventions faites pour le travail.	177
Restitution d'objets confiés pour le travail.	15
Demandes diverses.	34
	3411

Indépendamment des travaux d'audience, un grand nombre de séances ont eu lieu, soit au cabinet du président, soit au domicile même des membres du conseil, soit au secrétariat, pour régler les causes par voie d'arbitrage ou examiner par détails les mémoires d'ouvrages présentés.

Plusieurs descentes sur les lieux ont été faites pour constater l'état de l'ouvrage, en fixer le prix ou en prendre les dimensions.

31 apprentis ont été soumis à la surveillance d'un prud'homme délégué; cette espèce de tutelle a produit les meilleurs résultats, puisque deux résiliations seulement ont été prononcées à la suite du rapport du prud'homme-tuteur : une contre le maître, une contre l'apprenti.

Il est impossible d'indiquer le nombre considérable de consultations que les justiciables viennent demander au secrétariat, des démarches faites pour rétablir la paix, éviter les frais aux parties ou hâter le paiement de salaires.

Près du tiers des personnes qui se présentent sont renvoyées pour incompétence, soit qu'il n'y ait point de Conseils de prud'hommes établis pour leur profession, comme les cochers, mariniers, jardiniers, etc.; soit que le travail ait été exécuté hors du département, ou pour des personnes non justiciables du Conseil et non commerçantes.

RECUEIL

PAR ORDRE ALPHABÉTIQUE

DE RENSEIGNEMENTS

Sur les Prix de journées et de façon, les Usages, Règlements et Tarifs d'un grand nombre de Corporations justiciables du Conseil pour les Industries diverses.

AFFUTER (S').—Convention par laquelle un patron et un ouvrier, quelques jours après l'entrée de ce dernier dans les ateliers du premier, règlent entre eux le prix de journée ou de façon. En cas de non-accord, le patron doit payer à l'ouvrier le prix ordinaire ou moyen et donner le congé, à moins qu'en embauchant l'ouvrier il ne l'ait prévenu du salaire qu'il lui accorderait s'ils ne tombaient d'accord (Voyez *Scieurs de long, Temps d'essai*).

ALBATRIERS.—Peu nombreux à Paris (environ 10 patrons et 70 ouvriers), ils se connaissent presque tous et ont d'autant plus de facilité de se procurer des travaux. Ils sont presque toujours à leurs pièces, qu'il est impossible de tarifer d'avance, à cause des changements fréquents de modèles. Cependant, dans le cas de travail à la journée (12 heures), le prix moyen du monteur est de 3 fr. 50 ; du tourneur, 4 fr. ; du sculpteur, 5 fr. ; le sculpteur en statuettes est payé plus cher.—Le patron ne fournit que le tour ; il n'y a point de règle pour le congé.

APLATISSEUR DE CORNES.—Il y a dans la partie environ 10 patrons et 120 ouvriers ; les apprentis doi-

7

vent avoir de 16 à 18 ans, à cause de la force qu'exige le travail ; ils gagnent immédiatement, pour une journée de 12 heures, 2 fr., sont augmentés peu à peu, et au bout de deux ans gagnent la journée de l'ouvrier, qui est de 4 fr. 50.

Prix, aux pièces, par 100 : ouverture, corne du Brésil, peigne à chignon, 2 fr. ; peigne à retaper, 3 fr. ; buffle, 3 fr. et 4 fr. ; corne de France, 2 fr. et 3 fr. — Dolage ou nettoyage, pour chaque sorte, 3 fr.—Mise à vert, aplatissage, 2 fr.

APPAREILLEUR. — Contre-maître qui trace la pierre et dirige les travaux des scieurs et des tailleurs de pierres (Voy. *Maçons et Tailleurs de pierres*).

APPRENTIS.—Des six catégories qui composent le Conseil, la deuxième donne presque seule lieu à des contestations sur l'apprentissage, à l'exception des lithographes, de la première catégorie, et des poêliers-fumistes, de la cinquième. Les contrats sont faits pour une durée de deux à quatre ans, augmentée d'une année si l'apprenti est nourri et logé.—Voici les principales conditions des contrats : remplacement du temps perdu, à la fin de l'apprentissage ; travail de douze heures au plus ; fréquentation des écoles du soir et du dimanche ; travail suspendu le dimanche, à l'exception du rangement de l'atelier, jusqu'à dix heures au plus ; limitation au quart de la journée des courses à faire pour la profession seulement ; indemnité d'une certaine somme en cas de non-exécution du contrat ; livret de notes de conduite et de travail ; envoi aux offices les dimanches et jours de fête ; défense de punitions corporelles ; trois repas par jour, dont deux composés d'aliments chauds ; lit particulier et dans un lieu sain ; droit de visite conservé aux parents ou protecteurs ; sortie de l'enfant à des jours déterminés, pour aller voir ses parents ; admission de l'enfant à la table du maître ; gratification à donner chaque semaine, en cas de satisfaction de son travail ; demi-pièces ou trois-quarts de pièces vers la fin de l'apprentissage ; interdiction d'avoir au-delà d'un certain nombre d'apprentis ; condition de remettre l'enfant immédiatement entre les mains d'un ouvrier, etc. (*Voy.* page 16 et les articles spéciaux à chaque corporation.)

ARÇONNIERS.—Tous les ouvriers sont aux pièces, et chacun fait une pièce différente ; le prix de la pièce est évalué, sur une journée de travail de onze heures, à 3 fr, pour le refendeur, le monteur et le dresseur, et à 1 fr. 50 pour la colleuse.

Tous ces prix, qui ne sont que trop vrais, sont tombés par la concurrence, non-seulement des patrons, mais des ouvriers dissidents et cherchant et acceptant des commandes à l'envi les uns des autres.

ARDOISES (Fabricants d'). — Sont classés dans la sixième catégorie du Conseil de prud'hommes pour les Industries diverses ; il n'y a point d'ouvriers en ardoises dans le département de la Seine.

ARTICLES DE PARIS. — Il serait impossible de donner place dans ce recueil à toutes les dénominations particulières d'ouvriers occupés à confectionner à Paris et dans la banlieue la multitude d'objets si variés que l'on appelle *Articles de Paris*, et qui sont faits en bois, corne, écaille, ivoire, nacre, os, etc. Il suffira de constater quelques points : les conventions d'apprentissage ne diffèrent guère pour chaque industrie (voy. *Apprentis*): peu d'ouvriers sont à la journée ; ils travaillent ordinairement douze heures ; les pièces se comptent à peu près sur les mêmes bases d'évaluation, à tant l'objet, la douzaine, le cent, la grosse, le mille, les cent grosses. Quant aux prix de façon, ils sont aussi mobiles que les articles eux-mêmes ; mais comme ils sont débattus avant le travail entre le patron et l'ouvrier, il y a rarement lieu à contestation, et par suite à estimation.

ARTISAN.—Ouvrier travaillant par lui-même, en chambre ou dans une échoppe, et vendant directement à la pratique. Les contestations qui prendraient leur source dans la vente directe ne seraient point de la compétence des Prud'hommes.

AUTOGRAPHES (Écrivains). — Voy. *Écrivains lithographes.*

BADIGEONNEURS.—Il y a peu ou point d'ouvriers badigeonneurs proprement dits ; ce sont des maçons, des peintres, des poêliers-fumistes qui sont employés au travail du badigeon ; ils reçoivent le prix de journée ordinaire de leur état.

Badigeon à la chaux et à l'alun, par mètre superficiel, y compris un léger grattage : une couche, 7 c.; deux couches, 12 c. ; trois couches, 16 c. ; le même, et y compris la pose des échafaudages : une couche, 10 c.; deux couches, 15 c. ; trois couches, 20 c.—Badigeon à l'huile, pour trois couches, 22 c., y compris le grattage. — Les crevasses sont comptées à part ; le patron fournit les outils et instruments qui sont amenés sur place à ses frais (Voy. *Maçons et Poêliers-fumistes*).

BANQUE.—Faire la banque, c'est payer ce qui est dû au personnel d'une imprimerie. La banque se fait ordinairement tous les huit ou quinze jours, rarement tous les mois, et toujours en laissant une semaine de salaire en arrière (Voyez *Paye*).

BARDEURS—Manœuvres employés à traîner le chariot ou à porter le bard pour le transport de la pierre taillée. Pour les prix de journée, voyez *Maçons*.

Prix de tâche par mètre cube : transport de la pierre du chantier à pied-d'œuvre, 100 mètres de distance, 3 fr. ; il y a augmentation de 5 centimes par homme par 50 mètres en plus. Montage de la pierre, du tas jusqu'à 5 mètres, y compris la mise en cale, pour que le poseur n'ait plus qu'à la mettre en place, 2 fr. 50. Il y a augmentation de 5 centimes par homme par 5 mètres en plus.

L'équipage et tous les instruments sont fournis par l'entrepreneur.

BATIMENT (Ouvriers du).— Voy. *Ouvriers du bâtiment.*

BÉTONNIERS.—Font le béton, mortier composé de chaux, de ciment et de cailloux ou de recoupes de pierres; sont payés à 3 fr.

BOISSELIERS.—Il y a peu de marchands boisseliers qui fassent fabriquer chez eux; ce sont des ouvriers en chambre qui fabriquent sur commande; les ouvriers boisseliers sont au plus au nombre de dix travaillant chez les patrons; un nombre un peu plus grand travaille en chambre. Ceux en boutique ont 3 francs pour onze heures, lorsqu'ils sont occupés toute l'année; pour des corvées, ils ont 3 fr. 50 ou 3 fr. 75.

Les bois arrivent de la province façonnés et tournés en cercles; l'ouvrier de Paris n'a plus qu'à leur donner la forme voulue pour en faire des mesures, des tamis et autres ustensiles; les objets d'une seule pièce arrivent tout faits.

BOUCHONNIERS. — La plupart des bouchons sont confectionnés sur place, dans les pays qui produisent l'arbre à liége. Le liége est d'abord découpé en bandes, puis en carrés; le bouchon est fini par le tourneur. Arrivés à Paris, les bouchons sont soumis à un tri fait par un ouvrier appelé trieur et qui est toujours à la journée; cette journée est ordinairement de dix heures; le trieur a de 20 à 24 fr. par semaine. Les bouchons jugés défectueux par le trieur sont retouchés par le tourneur qui est toujours aux pièces, à moins qu'il ne soit occupé à tout faire dans le magasin; dans ce cas, il a 24 fr. par semaine et ne sort pas en ville.

Outre les bouchonniers en neuf, il y a les bouchonniers en vieux, qui dégrossissent, rognent et retournent les bouchons qui ont déjà servi. Ceux-ci font presque seuls des apprentis; ils les prennent vers l'âge de douze ans, pour trois années, les couchent et nourrissent, et leur donnent. par semaine, la première année, 50 c.; la deuxième, 1 fr. ou 1 fr. 50; la troisième, 2 fr.: ensuite on les met aux pièces ou bien ils restent à la journée pour faire le courant et servir de garçons de magasin; ils reçoivent 15 à 18 fr. par semaine, et travaillent au moins onze heures, ayant des intervalles moins longs pour faire leurs repas que les autres ouvriers, et devant être arrivés avant eux.

La paye se fait toutes les semaines; le jour de la paye on donne le congé de huitaine aux hommes de journée; après la pièce finie on remercie le piéceur.

Les ouvriers fournissent leurs outils dont l'usure et le repassage peuvent être évalués à 20 cent. par jour; le patron fournit la meule.

7.

Prix de façon, par mille, bouchons vieux : pour dé-grossir, retourner et rogner, le champagne, 2 fr. ; le vieux ordinaire, 1 fr. 50 ; le demi-bouteille, en vieux, 1 fr. 25.—Bouchons neufs, pour retoucher, le champa-gne, 3 fr. 50 ; le bordeaux, 3 fr. ; le surchoix, 2 fr. 50 ; les broches (pots à moutardes et bocaux), 2 fr. 50. Le bouchon ordinaire ne se retouche pas à Paris ; pour les dégrossir, 2 fr. Les petits bouchons surchoix ou ordi-naires sont payés le même prix que les gros. Les bondes et les bouchons de fantaisie se traitent de gré à gré. Les bouchons pour bocaux, de 7 à 13 centimètres, de 5 à 6 fr ; au-dessus de 13 centimètres, 10 fr. Les semelles de liége, les planches à insectes ne se font pas à Paris, ou se traitent de gré à gré.

Le liége pour veilleuse se fait à l'emporte-pièces et se mesure ensuite par litre ; les femmes qui font ce tra-vail gagnent à peine de quoi vivre.

Quand les bouchons sont faits à la mécanique, l'ou-vrier aux pièces est payé comme suit : par mille, pour débiter, ordinaires, 70 c. ; bordeaux, 1 fr. ; pour tour-ner, ordinaires, 75 c. ; pour rogner les bouts, 30 c. Le bordeaux se tourne à la main, 3 fr.

BOUTONNIERS.—Rien n'est soumis dans la profes-sion de boutonnier a des règles qui puissent servir de base ; les prix de façon sont aussi variés que les sortes mêmes ; le prix le moins élevé est de 11 cent. la grosse de boutons de chemise. Quant au prix de journée, voyez les mots *Façonneurs*, *Sculpteurs*, *Tourneurs*.

Voici une série de prix à peu près générale pour les boutons en corne : on compte, par cent grosses et par lignes ; découpeur sur le tour, 6 lignes, à 6 fr. ; 8 lignes à 7 fr. ; 9 lignes à 8 fr. ; 10 lignes a 10 fr. ; 11 lignes à 12 fr. ; 12 lignes à 14 fr. : — arrondisseur, par grosse, 2 fr. 75, sans distinction de grosseur, mais les boutons bombés se paient plus cher ; — mouleur, 6 lig. à 11 fr. 50 ; 8 lig. à 13 fr. ; 9 lig. à 14 fr. ; 10 lig. à 16 fr. ; 11 lig. à 18 fr. ; 12 lig. à 21 fr.

BRIQUETEURS.—Posent la brique, montent les che-minées des fabriques, les chaudières à vapeur. Il n'existe aucun prix de façon déterminé ; les gros ouvrages se traitent de gré à gré. Le prix de la journée est de 4 fr.

à Paris ; 50 cent. en plus en campagne, si l'on découche ;
1 fr. en plus à 10 lieues de Paris.

BRIQUETIERS.—Façonnent la brique et le carreau.
Ils sont tous à leurs pièces qui se comptent par mille, à
l'exception du charretier (voyez ce mot), des aides
(2 fr. 50 par jour), et quelquefois du cuiseur ; celui-ci a
4 fr. par jour et autant la nuit ; il n'est pas rare de voir
le patron lui-même présider à cette opération.

Prix de façon, brique ordinaire : marcheur ; prépare
la terre et la charge sur la table, prête à être mise
dans le moule, 4 fr. ; mouleur, 4 fr. 50 ; porteur, enfant qui porte la brique sur les perches, 1 fr. ; rebatteur,
bat la brique sur toutes les faces, quand elle est légère-
ment sèche, 3 fr. ; soigneur, prend la brique sur les
perches pour la donner au rebatteur et la reporte en
place, 1 fr. 50. Ces cinq opérations se marchandent à
12 fr. et même à 10 fr.

Carreau ordinaire : marcheur et mouleur, 5 fr. ; porteur et soigneur, 1 fr. 50 ; rebatteur, 2 fr. 50. Ces opérations se marchandent à 8 fr. et à 7 fr. — Carreau de
four : pour marcher, mouler, soigner et tenir prêt à
être employé sans être cuit, 10 fr.

Le cuiseur aux pièces est payé 4 fr. ; les aides, 2 fr. ;
charge sur la voiture (mettre sur l'essieu), 50 c.

BROCHEURS.—Font partie des nombreuses professions qui participent à la confection des livres : ils reçoivent la feuille au sortir de la presse et ne l'abandon-
nent que pour la remettre entre les mains, soit du
libraire, soit du relieur. Différents ouvriers sont chargés
d'une ou de plusieurs des opérations du brochage : des
hommes de peine cherchent, étendent, mettent en bal-
lots et reportent ; des ouvriers assemblent, ébarbent,
rognent et mettent sous presse ; ils reçoivent, les uns
3 fr. et les autres 3 fr. 50 par journée de douze heures,
ou 100 fr. par mois ; ils n'ont aucun outil à fournir.

Les brocheuses plient, piquent, cousent, et quelquefois couvrent ; elles sont aux pièces ; les collationneuses,
les passeuses et les placeuses de figures, cartes ou gra-
vures, reçoivent 20 centimes l'heure.

Toutes ces ouvrières n'ont besoin que d'aiguilles et
d'un couteau à papier ou plioir ; les apprenties, au

bout d'un an ou de dix-huit mois, connaissent l'état ; pendant le temps d'apprentissage elles sont aux pièces, quelquefois aux demi-pièces, mais elles sont obligées de faire les courses. Quand les brocheuses passent la nuit ou une partie de la nuit, elles continuent les pièces, mais reçoivent du café ou du vin, sans autre gratification.

Prix de façon. On compte par cent, rarement par douzaine ou par pièce ; les prix suivants sont comptés par cent, et le format in-8° sert de base.

Pliure. In-8°, 5 c. ; in-12, compte pour deux ; in-18, pour quatre ou six, selon l'imposition ; in-32, pour quatre ; pour les formats extraordinaires, il y a un supplément de prix ; les feuilles doubles sont comptées doubles ; quelquefois il y a un supplément de 5 c. pour la coupure de l'in-32.

Piqûre. S'il n'y a qu'une feuille piquée en dessus, 7 c. 1/2 à 10 cent. ; piquée en dedans, 15 c. ; deux ou trois feuilles, 15 c. ; quatre ou cinq feuilles, 20 c. ; six ou sept feuilles, 25 c. ; huit feuilles, 30 c. ; piqûre des almanachs, de gré à gré.

Couture. Le prix est basé sur le nombre de cahiers à coudre et non sur l'encartement ; le prix du cent de cahiers est le même que celui de la pliure.

Couvrure. Ordinaire in-32, in-18 ou in-12, 30 c. ; in-8°, 40 c. ; in-4°, 50 c. ; on augmente de 5 c. pour les formats plus grands. A l'anglaise, in-32 et in-18. 10 c. ; in-12, 15 c. ; in-8°, 20 c.

BROSSIERS.—Ou plutôt monteurs en brosses ; les autres ouvriers occupés à la brosse ont des dénominations différentes ; il en sera parlé plus bas. La plupart des brossiers travaillent en chambre et vendent aux marchands en boutique ou aux commissionnaires la brosse confectionnée. Ils prennent des apprentis pour deux ou trois ans, qu'ils ne couchent ni ne nourrissent, que l'on met au fait de la brosse commune, et comme ils sont bientôt de quelque utilité, ils reçoivent par semaine une gratification proportionnée à leur force, 50 c. à 2 fr. Devenus ouvriers, ils sont mis à leurs pièces et sont payés par pièce ou par douzaine, d'après des conventions particulières ou d'après le tarif fait en commun entre les patrons et les ouvriers et qui est encore en vigueur. L'ouvrier brossier n'est jamais à la journée ; il fournit tous les petits outils. Le congé est de huitaine.

A la confection de la brosse sont attachées diverses spécialités :

Faiseur de bois et *perceur de trous.* A la journée de 3 fr. pour douze heures. La plupart des bois arrivent à Paris faits et percés ; on ne façonne guère sur place que les bois de commande, des modèles nouveaux, ou des bois de fantaisie. Le prix des pièces s'évalue par douzaines et par le nombre de trous, et se traite de gré à gré.

Tireur de soie. Est aux pièces ; il est payé par demi-kilo et selon les sortes de soie, 25 c. la soie forte, 30 c. la soie commune, 10 ou 15 c. le mélange. La soie donnée au monteur doit être apprêtée.

Plaqueur. Dans cette partie on compte environ quinze patrons et cent ouvriers ; ceux-ci sont tantôt aux pièces, tantôt à la journée de 2 fr. 50 à 3 fr. pour douze heures ; les pièces se comptent par douzaine ; la brosse commune pour habit est payée de 70 à 90 c. Le plaqueur taille le bois, l'applique à la brosse, ponce et vernit. Le patron fournit tous les outils.

On appelle *vergetier* l'ouvrier qui fait la brosse fine, dont toutes les parties s'exécutent à Paris ; l'ouvrier vergetier suit toutes les conditions du monteur en brosses.

CAMPAGNE (Indemnité de). — Cette indemnité est fondée en équité sur les frais de dérangement qu'occasionne à l'ouvrier l'éloignement de son domicile ; elle ne peut être considérée comme gratification, mais comme supplément de salaire. Elle est due à l'ouvrier qui est envoyé faire un travail hors Paris, qu'il découche ou qu'il ne découche pas, pourvu que ce travail lui ait occasionné un temps plus long ou des dépenses plus fortes que le temps et les dépenses ordinaires. Pour la déterminer on a égard à l'état de célibataire ou d'homme marié de l'ouvrier, à l'obligation de découcher, à l'éloignement et à la durée des travaux, à la cherté des vivres et des logements, etc.

On paie les frais de voyage et le transport des outils pour l'aller et le retour ; cependant si l'ouvrier quitte sans motif avant la fin des travaux, il revient à ses frais.

Un patron de province faisant venir des ouvriers de Paris paie le prix de province, à moins de conventions contraires ; un patron de la banlieue ne doit point d'indemnité à l'ouvrier embauché à Paris, lorsque cet ouvrier travaille dans ses ateliers ou dans un chantier situé près de chez lui ; s'il l'éloigne, il lui en doit une.

Du reste, toutes ces règles ne sont que des généralités ; chaque profession en a de spéciales qui sont énoncées à leur place.

CANNEURS.—Ouvriers qui façonnent et entrelacent la canne de jonc sur les siéges ; il n'y a que vingt patrons environ, peu d'ouvriers ; ce sont des femmes qui sont occupées à ce travail ; elles peuvent gagner de 1 fr. 50 à 1 fr. 75 par journée de 12 heures. Aux pièces, pour la chaise ordinaire, on paie 45 à 50 c. ; pour le fauteuil avec le dossier, 2 à 4 fr.

CANNIERS.—Fabricants de cannes. Les apprentissages se font dans les conditions ordinaires ; les ouvriers sont ou aux pièces ou à la journée, d'après les usages des boutiques ; les façonneurs et les vernisseurs à la journée de douze heures reçoivent 3 à 4 fr. ; ils traitent de gré à gré pour les pièces, par douzaine ou par grosse , et dans ce cas ils fournissent leurs outils, le prix du tourneur est de 3 fr. 50 à 4 fr. ; du sculpteur, de 5 à 7 fr. Cette profession ne donne pas lieu à beaucoup de contestations, parce que tous les prix sont discutés d'avance et sur modèle entre le patron et l'ouvrier (Voy. *Apprentis* et *Articles de Paris*).

CARRELEURS.—Posent les carreaux des appartements. A la journée de dix heures, 4 fr. 50 ; l'aide, 2 fr. 50, et 2 fr. 75, quand il faut monter un ou plusieurs escaliers ; en campagne, le carreleur a 5 fr. 25 ; l'aide, 3 fr.

Ordinairement la pose des carreaux se donne à façon ; l'entrepreneur fournit le plâtre et le carreau et fait venir à pied-d'œuvre les poussières nécessaires pour faire la forme ; l'ouvrier fournit la truelle, un crible ou panier, une règle et un niveau. La pose du carreau ordinaire se paie 40 c. le mètre superficiel ; gros carreau bâtard, 55 c. ; carreau de Bourgogne, 60 c. Les prix diminuent pour les pièces d'une grande étendue où les coupes et raccordements sont plus rares ; ils augmentent pour la pose des petits carreaux.—Carreaux vieux, décarrelage, 7 c.; décrottage, 18 c.

CARRIERS.—Ouvriers occupés à extraire des carrières la pierre, le marbre, le grès et toutes les matières minérales propres à la construction et à la décoration des bâtiments.

Le personnel d'une carrière est ordinairement composé d'un soucheveur, d'un trancheur et d'un équarrisseur qui sont à la tâche, de deux hommes à l'atelier (à la masse), et de trois hommes à pousser, qui sont à la journée de dix heures ; les premiers reçoivent 3 fr.; les seconds 2 fr. 50. – Le soucheveur est salarié d'après la dureté du travail ; le trancheur, par mètre superficiel, est payé 6 fr. dans le banc-royal ; 9 fr., dans la roche ; l'équarrisseur, par mètre cube, reçoit 1 fr. 25 pour la lambourde, 1 fr. 75 pour le banc-royal, 2 fr. 25 pour la roche. Le coudesse varie de prix suivant sa nature et sa dureté, de 1 fr. à 3 fr. par mètre superficiel.

Dans les carrières à découvert, pour extraire et charger, pierre dure, 10 fr.; pierre tendre, 6 fr. le mètre ; moellons durs, 10 fr. ; moellons tendres, 8 fr. la toise, ou 8 m. 64 c. Le mètre de moellons durs extraits de la carrière et appropriés, 2 fr.

CASSEURS DE PIERRES. — Sont payés à 2 fr. 75 pour dix heures de travail. Le prix de façon varie d'après la dureté de la pierre et la grandeur du diamètre de l'anneau donné pour indiquer la grosseur de la pierre cassée. Ce prix varie de 2 fr. à 3 fr. 50. La meulière et la caillasse valent 3 fr. 25 le mètre cube ; dans l'anneau de 6 centimètres, 5 fr.

La pierre doit être nettoyée et amenée sur le tas avant le cassage ; l'ouvrier fournit la masse, la pelle et le rateau ; le patron fournit l'anneau.

CHAISES (Fabricants de). — Voy. *Tourneurs en chaises*.

CHAMBRES SYNDICALES. — Composées exclusivement de patrons, elles ont été constituées pour servir de centre à leurs corporations respectives et veiller à leurs intérêts. Elles sont souvent appelées par le tribunal de commerce et par les parties à intervenir comme rapporteurs ou arbitres dans les contestations qui ont rapport à la profession exercée par leurs membres ; si l'on porte devant elles des différends entre patrons et ouvriers, elles peuvent donner leur avis, qui doit être pris en grande considération ; mais elles ne peuvent le convertir en jugement, et par conséquent le revêtir de la formule exécutoire. Les Conseils de prud'hommes seuls donnent à leurs actes la sanction légale.

CHARPENTIERS. — Ouvriers occupés à tailler et à lever les bois de charpente ; c'est une des plus importantes corporations du bâtiment et une des mieux organisées.

Apprentis (dans les chantiers, *lapins*).—L'usage est de prendre pour apprentis des jeunes gens bien constitués de 16 à 20 ans ; tout en apprenant leur métier, ils sont obligés de conduire la voiture à bras dans les différents ateliers du patron (du *singe*), balaient le chantier, font des chevilles, ramassent les copeaux, les rognures, affûtent les outils, tournent la meule, aident le compagnon à scier, à ligner, à tailler et enfin à établir la charpente. Ils vendent aux ménages les débris de bois et la sciure, en profitant d'une petite retenue sur chaque vente. Il n'y a point de contrat d'apprentissage, point de temps fixé pour sa durée ; l'apprenti et le patron sont en quelque sorte libres de se donner congé, comme s'il s'agissait d'un compagnon.

Comme l'apprenti est immédiatement utile au patron, il gagne dès son entrée de 1 fr. 50 à 3 fr. par jour suivant son âge et sa force, et peu à peu il arrive au salaire de compagnon.

Embauchage.—Les ouvriers charpentiers se divisent en deux compagnonnages, celui du *devoir* (compagnons roulants) pour la rive droite de la Seine, ayant pour centre le faubourg Saint-Martin et la mère établie rue d'Allemagne, à la Villette ; celui de *liberté* pour la rive gauche, ayant pour centre le faubourg Saint-Germain et la mère établie rue des Boucheries-Saint-Germain. Ces ouvriers ne travaillent que sur la rive où est situé leur centre. Il y a de plus des ouvriers appelés *renards*, qui n'ont point de mère et qui travaillent indistinctement sur l'une ou l'autre rive.

Les compagnons ne se mêlent jamais dans les chantiers; ils conservent leurs positions respectives dans les différents établissements des maîtres charpentiers, situés soit sur la rive droite soit sur la rive gauche. Il y a cependant des chantiers où l'on embauche indistinctement et qu'on appelle mixtes, tels que ceux du faubourg Saint-Antoine, de la Râpée, de la gare d'Ivry, du quai d'Austerlitz.

Salaires.—Outre les employés aux écritures et aux épures de charpente qui ont des conventions particulières avec le patron pour les appointements, il y a plusieurs catégories d'ouvriers; ceux qui travaillent principalement aux escaliers, les compagnons de remplissage taillant la charpente, et les levageurs pour poser la charpente et faire les corvées.

Le prix de la journée de dix heures est de 5 fr.; cependant les vieux charpentiers qui ne peuvent plus aller au levage et remplir la tâche ordinaire subissent une réduction sur le salaire suivant conventions entre eux et le patron. Une heure en plus de la journée faite exceptionnellement se compte comme un dixième; deux heures en plus se comptent comme trois; une nuit est comptée comme double journée. Quant à l'indemnité de campagne, il n'y a rien de fixe; quelques patrons donnent 5 c. en plus par heure; d'autres ne donnent que le prix ordinaire, mais tous paient le voyage et tiennent compte à l'ouvrier de ses journées, depuis l'heure du départ jusqu'à l'heure de l'arrivée.

Le gâcheur (chef d'atelier) est payé au mois, 180 fr.; ou à la journée 6 fr.; les garçons de chantiers ont 100 fr. par mois ou 3 fr. à 3 fr. 50 par jour; le charretier suit les conditions ordinaires (Voy. *Charretiers*).

Travail à la tâche.—Il n'y a point de marchandage ni de travail à la tâche dans la charpente depuis la grève de 1833, où les ouvriers se sont imposé cette condition; à très-peu d'exceptions près, ils sont restés fidèles à cette consigne. Du reste on conçoit le travail à la tâche pour un ouvrage déterminé et qui peut être estimé d'avance; mais dans la charpente où le travail ne peut s'exécuter que par le concours momentané d'un

8

nombre variable de bras, et où aucun contrôle n'a été jusqu'à présent établi pour indiquer l'ouvrage fait par chaque ouvrier, il est difficile d'estimer l'ouvrage avant qu'il ne soit fait.

Outils.—Le patron fournit tous les outils ; les ouvriers ne doivent se munir que des outils de poche, un plomb, un cordeau, une renette, un compas, une règle, une jauge ; ils doivent se cotiser à chaque paye de 5 c. chacun pour acheter le blanc nécessaire à faire les épures.

Police des chantiers. — Il est défendu aux compagnons charpentiers d'emporter aucunes fouées, copeaux, bouts de bois et billots (Ord. de police, 7 déc. 1808).

CHARPENTIERS DE BATEAUX.—Ils reçoivent le même salaire que les charpentiers de bâtiment ; couchés et nourris dans le bateau, ils ont trois francs par jour.

CHARRETIERS. — Ne rentrent dans la compétence des Conseils de prud'hommes qu'autant qu'ils sont attachés à un établissement dont le patron est justiciable de ces Conseils.

En règle générale, le charretier reçoit 100 fr. par mois ou 3 fr. 50 par jour ; mais il existe soit pour les salaires, soit pour les autres conditions du louage d'ouvrage, des usages presque aussi nombreux que les professions qui emploient des charretiers.—S'il est logé et nourri, il reçoit 45 fr. par mois ; quelquefois même seulement 30 fr. si en outre il a des pour-boire, comme le charretier du briquetier qui reçoit du glaisier, une deux ou trois mottes de glaise qu'il revend 10 c. pièce ; il y a d'autres charretiers qui ont 18 fr. par semaine, d'autres 80 fr. par mois et sont logés.

Les charretiers de pierres ont 70 fr. par mois de leur patron et 2 fr. de l'entrepreneur, par voie de 2 mètres à 2 mètres 20 ; hors des fortifications ils reçoivent 3 fr. par voie, et s'ils ne font qu'un voyage, 4 fr. ; s'ils sont célibataires, ils couchent chez le patron. Les charretiers de moellons rentrent dans les conditions ordinaires. — Le garçon d'écurie a 90 fr.

Il existe un grand nombre d'ordonnances de police

qui règlent la profession du voiturier et qui le rendent passible d'amendes, s'il contrevient à leurs dispositions. D'un autre côté les propriétaires de voitures et de chevaux sont responsables non-seulement du dommage causé par leur fait, mais encore par le fait des personnes qu'ils emploient (Cod. civ. art. 1383 et suivants).

Les charretiers doivent garantir leur maître des amendes de police et des condamnations encourues par leur faute ; aussi dans certaines professions on leur fait payer l'assurance, et dans ce cas en les débauchant le patron doit leur payer leur salaire en entier ; dans le cas contraire, le patron retient ou dépose dans une caisse publique une somme de 15 à 25 fr. pour le garantir des amendes, lorsqu'il a lieu de craindre qu'il y ait des procès-verbaux dressés contre lui.

Les amendes de surcharges ne peuvent incomber au charretier qu'autant qu'il a chargé lui-même la voiture et qu'il n'a pas reçu d'ordre de faire la surcharge ; le défaut de plaque à la voiture ne peut non plus le concerner.

La limite des heures de travail ne peut pas être appliquée à cette profession. On ne peut lui appliquer non plus la règle de huit jours d'avertissement pour donner ou recevoir le congé ; un avertissement de huitaine pourrait occasionner de grandes pertes au patron par des méfaits de certains charretiers. On les débauche le soir même après la journée ; du reste il y a réciprocité pour les charretiers.

CHARRONS.— Il y a, dans les grands ateliers, deux catégories d'ouvriers, les charrons au train et les charrons aux roues ; dans les petits ateliers, le même ouvrier fait le tout. La journée est de douze heures au pied de 4 fr. dans les fortes maisons ; de 3 fr. 50 dans les maisons ordinaires : dans la banlieue, le charron a 45 fr. par mois, est logé et nourri.

Prix de façon : voici seulement quelques exemples qui pourront servir pour estimer d'autres travaux. Voiture des quatre saisons, la cage, 5 fr. ; une paire de roues, 5 fr. ; tapissière à un cheval, le train, 12 fr. ; la caisse, 20 fr. ; les roues, 12 fr. — Petit tombereau, caisse et limonière, 12 fr. ; les roues, 12 fr. — Gros tombereau, sans les roues, 32 fr. ; les roues, 20 fr. — Une paire de roues de camion, sans le dérasage, 12 fr.; avec le dérasage, 15 fr.; de cabriolets de 1 m. 50, id, — Un train de roues d'omnibus, 24 et 30 fr. — Le bois est débité par le patron; les jantes des petites roues sont chantournées, les moyeux tournés.

Les charrons ont leur mère rue du Caire.

CHAUFOURNIERS. — Employés à cuire la pierre calcaire qui produit la chaux. Si la carrière n'appartient pas au patron fabricant de chaux, le marchand carrier fait conduire la pierre à pied d'œuvre, et c'est lui qui paie le terrassier, le carrier et le charretier (*voy.* ces mots); si, au contraire, la carrière appartient au fabricant de chaux, tous les ouvriers sont sous ses ordres; il paie le terrassier, par jour, 2 fr. 75; à la tâche, suivant le prix ordinaire; le carrier, 3 fr. par jour ou 1 fr. le mètre; le chaufournier, 5 fr. par jour, ou 2 fr. 25 le mètre; le charretier, 2 f. 75 à 3 fr. 50 par jour ou 80 fr. par mois et couché; le trieur (un enfant), 1 franc 25 centimes par jour.

Pour le chaufournier, la journée ne peut être limitée; seulement il y a des usages qui sont suivis assez généralement; que la cuisson soit finie à trois ou à neuf heures du soir, c'est une journée pour lui; si elle recommence dans la nuit, c'est encore le prix d'une journée à lui payer, plus la journée suivante.

CIMENT (Fabricant de).—Le ciment est un débris de briques, tuiles, carreaux et autres substances concassées, mêlées avec de la chaux, que l'on emploie pour faire les joints, enduire des ouvrages en maçonnerie, etc. Chaufournier, 4 fr. à 4 fr. 50; chef-apprêteur, 3 fr. à 3 fr. 50; manœuvres, batteurs de ciment, 2 fr. 50; la nuit est payée un tiers en sus.

Il n'y a point d'ouvriers spéciaux pour l'emploi du ciment; ce sont des maçons qui sont payés au prix ordinaire. A la tâche, on compte par mètre superficiel, souvent à 40 c. pour faire les joints : dans les égouts, 1 fr. pour dégrader, rocailler, relancir et jointoyer.

CLICHEURS. — Sont occupés à prendre sur papier ou sur plâtre l'empreinte des caractères typographiques et à couler sur cette empreinte un métal, composé de ma-

nière à représenter sur une seule planche les caractères mobiles du compositeur.

Clicheurs au papier. — Le mouleur et le fondeur,
dont les opérations sont quelquefois faites ou par le patron ou par un seul ouvrier, sont le plus souvent à la
journée de 4 fr. pour 10 heures de travail ; le bizeauteur
qui tourne les clichés, les finit, est aux pièces : en général
2 fr. 50 la feuille, de quelque format qu'elle soit ; pour
corrections, 3 fr. 50 le cent de lettres ; par morceaux,
15 c.

Clicheurs au plâtre. — Dans une des plus fortes maisons de Paris, les ouvriers imposeurs, mouleurs, fondeurs et correcteurs-finisseurs sont tous à la journée de
4 fr. à 4 fr. 50 pour 10 heures ; le chef d'atelier a 1,800
fr. par an ; l'homme de peine qui cherche les formes et
les rapporte avec les clichés a 3 fr. par jour.

En général, il n'y a que les bizeauteurs et finisseurs
qui ont besoin de menus outils ; ils sont à leur charge.

On paie à la huitaine ou à la quinzaine, d'après les
usages des maisons ; le congé est de huit jours.

COFFRETIERS-MALLETIERS. — Deux sortes d'ouvriers composent la partie, le menuisier et le garnisseur ; l'un et l'autre sont le plus souvent payés aux pièces, d'après un tarif particulier pour chaque maison
(Voy. *Layetiers-emballeurs*).

COLLETINEURS. — Porteurs de bois pour le mettre
en chantier : ce sont des ouvriers charpentiers qui sont
payés comme tels.

COMPAGNON. — Aujourd'hui ce mot désigne tout
ouvrier du bâtiment qui n'est ni apprenti, ni aide, ni
garçon de chantier. Il n'était donné autrefois qu'aux ouvriers reçus dans un des devoirs du compagnonnage
(Voy. *Ouvriers du bâtiment*).

COMPOSITEUR. — Ouvrier qui s'occupe de tous les
travaux relatifs à la composition typographique. Le
compositeur exerce un état susceptible de provoquer
sans cesse les opérations de l'esprit ; il serait injuste
d'assimiler l'exercice de cet état à celui des autres arts
mécaniques, soit pour la fixation des salaires et du

8.

nombre d'heures de travail, soit pour les autres conditions du louage d'industrie.

Apprenti. — Dans le plus grand nombre de maisons, il n'est fait aucun contrat d'apprentissage ; le patron et l'apprenti conservent leur liberté réciproque, l'apprenti entre donc sans condition, il peut être renvoyé comme un autre ouvrier. L'apprentissage dure quatre ans ; l'apprenti tient d'abord la copie ; puis il est confié à un homme de conscience qui l'exerce à tous les travaux qui regardent l'imprimerie. Il reçoit au bout d'un an 1 fr. 50 c. ou 2 fr. par semaine. A la fin de son apprentissage, il est mis aux pièces et prend rang parmi les compositeurs.

Congé. — Il n'y a pas de règle déterminée pour le congé ; cependant les hommes de conscience payés à tant par jour ne sont généralement remerciés que pour la fin de la semaine. Les compositeurs aux pièces cessent nécessairement les travaux quand il n'y a plus de copie, mais ceux qui sont en pied conservent leur rang ; ceux qui n'ont été engagés que pour un coup de main quittent la maison.

Conscience. — Mot qui exprime tous les employés et ouvriers d'une imprimerie payés non aux pièces, mais par heure, par jour et par banque. On désigne particulièrement sous le nom d'*homme de conscience* l'ouvrier chargé de la conservation, de la distribution, de la rentrée et du rangement du matériel de l'atelier ; il est quelquefois chargé de corriger les tierces et de préparer les garnitures ; il reçoit 50 c. par heure au moins.

Correcteur. — Employé d'une imprimerie typographique qui lit habituellement des épreuves ; il y a le correcteur en première qui lit l'épreuve venant directement de la composition, collationne sur la copie et purge l'épreuve des fautes typographiques ; et le correcteur en seconde ou en bon qui lit l'épreuve venant de l'auteur. Tous deux sont ordinairement en conscience et reçoivent 50 c. ou 60 c. par heure ; un correcteur aux pièces reçoit pour toute la lecture le 10e ou le 12e de la valeur de la composition. Les correcteurs de journaux traitent de gré à gré.

C'est au correcteur à vérifier la réclame, les folios, titres courants, signatures, à s'assurer de la marche régulière du labeur pour la marge, les chapitres, sections, reports de lignes, à inscrire le nom du compositeur, à vérifier les jonctions des nombres et celles des notes avec la feuille précédente; l'oubli de ce travail accessoire à la lecture peut donner lieu à responsabilité.

Une autre espèce de responsabilité peut peser sur lui; c'est celle de l'oubli du nom et de l'adresse du maître imprimeur sur les impressions dont il signe les bons à tirer ou les tierces (Voy. *Maîtres-imprimeurs*).

Le correcteur qui a signé la tierce sans indiquer le mode de retourner la feuille au tirage est responsable du mauvais tirage et de ses conséquences. Les ouvriers imprimeurs peuvent tout au plus être condamnés à ne pas recevoir le prix de leur travail.

Corrigeur.— Homme de conscience qui fait à la composition les corrections indiquées sur les épreuves; il reçoit 50 c. par heure. Les épreuves sont remises au prote ou au patron qui estime, d'après l'importance des corrections, changements et remaniements, le nombre d'heures employées. Cette estimation peut donner lieu à des contestations que le patron prévient en chargeant de corriger les épreuves un homme non-seulement de conscience, mais consciencieux et habile.

Déblocage. — Doit être exécuté aux frais du patron à moins d'exceptions réciproquement convenues; mais si le blocage a été fait sans aveu du patron ou de ses délégués, l'ouvrier doit débloquer à ses frais.

Embauchage — On se procure généralement des travaux en allant de maison en maison *offrir ses services pour la casse*; pour remédier à cet usage fâcheux, un *bureau de renseignements* a été fondé, rue du Paon, au comptoir typographique, pour les ouvriers inoccupés et pour les patrons qui manquent d'ouvriers.

Gratifications.— Il est alloué une gratification de 25 c. par heure pour le travail de nuit, de dimanche et des fêtes reconnues; la gratification compte à partir de l'heure où cesse habituellement la journée dans chaque atelier.

La gratification des journaux de nuit est de 1 fr.; celle des journaux de jour, pour les dimanches et fêtes reconnues est de 1 fr. 50. Pour les journaux quotidiens dont le travail continue après huit heures du soir, la gratification est perçue; les journaux non quotidiens et dont la composition se fait aux pièces, sont considérés comme labeurs.

Metteur en pages.—Ouvrier qui reçoit la composition des paquetiers ses auxiliaires et la dispose en pages, en y ajoutant les titres, paginations, signatures, lignes de pied et de tête et les blancs indiqués.

Il reçoit de l'homme de conscience la lettre nécessaire à son labeur, la partage ainsi que la copie, aide ses paquetiers à résoudre les difficultés du labeur, mais il ne peut en être responsable.

Il n'est pas responsable non plus, si le prote ou le correcteur, au lieu de communiquer directement avec lui, ont donné à ses paquetiers les renseignements sur les particularités de l'orthographe, la coupure des mots, la forme des renvois, l'interlignage, etc.

Quant à ce qui le regarde personnellement, il est responsable de l'omission et de la transposition d'alinéa et de pages, mais on ne peut lui reprocher les bourdons faibles quand les alinéa sont trop fréquents ; il est encore responsable des folios faux, des renvois de notes non changés, de la non-indication des mots chassés d'une feuille à la feuille suivante.

Il répond encore vis-à-vis du patron, non-seulement des feuilles qui lui ont été comptées en banque, mais des corrections en première qui dépendent de ces feuilles.

Le metteur en pages doit une heure pour la correction du bon à tirer. S'il a passé moins d'une heure, c'est son bénéfice ; s'il a passé plus de temps, le patron lui en tient compte.

En général, la tierce doit être corrigée par la conscience ; mais si le metteur en pages y a laissé subsister des fautes indiquées au bon à tirer, il est tenu de les faire disparaître, en laissant à la conscience à corriger les fautes indiquées sur la tierce seulement.

Il est depuis longtemps d'usage que le metteur en pages n'emploie aucun compositeur à l'heure, à la journée, à la semaine, excepté pour les cas de force majeure et accidentellement seulement, et pour les corrections et changements ; l'emploi d'ouvriers salariés par lui pourrait entraîner l'application du décret du 2 mars 1848 (*Voy.* page 60).

Mise en pâte.—Les frais de recomposition pour mise en pâte doivent être supportés par moitié tant par l'ouvrier qui a mal placé la forme que par celui qui l'a heurtée et fait choir. D'après les circonstances, le premier serait responsable des deux tiers ou des trois-quarts.

Outils.—Les compositeurs n'ont presque pas d'outils à fournir. Ils sont pourvus d'un couteau, d'une pince (proscrite dans quelques maisons), d'une pointe et d'un composteur, instrument dont ils se servent pour y placer, d'après l'ordre de la copie, les caractères choisis dans la casse.

Paquetier.—Ouvrier qui concourt à la composition d'un labeur confié à un metteur en pages.

Le paquetier n'est tenu que de distribuer la composition en paquets donnée par l'homme de conscience, de composer d'après sa copie et de corriger l'épreuve sortant des mains du correcteur en première ; il serait tenu de corriger une deuxième épreuve, si la première correction n'avait pas été faite régulièrement.

Il est responsable des fautes typographiques, qui sont en général les bourdons, doublons, coquilles, lettres renversées, mots tronqués, transpositions de lignes, et de la ponctuation dans son application ordinaire.

Il est encore responsable de la mise en pâte de paquets mal liés ; du déblocage, s'il a bloqué sans autorisation ; du rétablissement de la composition, s'il y a mêlé un œil ou un corps étranger qu'il a cherchés directement ; il est en outre responsable s'il n'a pas demandé au metteur en pages les renseignements et l'orthographe particulière à suivre.

La chasse d'un bourdon n'est comptable au paquetier qu'autant qu'elle sort de la feuille imposée et même des parties qu'il a été obligé de remettre en pages.

Les corrections occasionnées par les indications incomplètes données au compositeur ne peuvent tomber à sa charge qu'autant qu'elles dénotent dans l'ouvrier une ignorance des règles de la profession.

Le metteur en pages est autorisé à faire faire aux frais du paquetier absent sans autorisation les corrections en première de sa composition, à moins qu'il n'ait désigné un autre ouvrier, agréé par le metteur en pages, pour corriger à sa place.

Le paquetier reçoit sa banque directement du metteur en pages ; si ce dernier oubliait son devoir jusqu'à retenir la somme due à l'ouvrier, le patron pourrait être actionné comme débiteur principal.

Prote.—Premier ouvrier d'une imprimerie (πρωτος, le premier) ; il a tous les droits et est tenu de tous les devoirs du contre-maître. Ses appointements sont le plus souvent fixés au mois ou à l'année ; quand ils le sont par jour, il n'a le droit aux salaires des jours fériés qu'autant qu'il s'est rendu à l'atelier, ou s'il y a convention contraire. Le minimum de son salaire, compté par journée de dix heures , peut être fixé à 6 francs (Voy. *Contre-maîtres*).

Tarif.— Le travail s'exécute le plus souvent aux pièces et se paie d'après un tarif rendu exécutoire à partir du 15 septembre 1843, et approuvé et suivi par presque tous les maîtres-imprimeurs de Paris ; c'est ce tarif qui fait la loi, à moins de conventions contraires formellement exprimées. Le tarif devait être révisé cinq ans après sa mise à exécution ; les événements n'ayant pas permis cette révision à l'époque fixée , elle a lieu aujourd'hui par une conférence de maîtres et d'ouvriers qui sont sur le point de terminer leur travail.

Teneur de copie.— C'est ordinairement un apprenti à tour de rôle qui tient la copie au correcteur en première. Dans certaines maisons il y a des teneurs de copie spéciaux qui reçoivent au minimum 2 fr. par jour. Le teneur de copie salarié est responsable, comme tout ouvrier , des fautes lourdes commises dans son travail (Voy. *Banque* , *Imprimeurs typographes* , *Maîtres-Imprimeurs*).

CONDUCTEUR DE MÉCANIQUES. — Voy. *Imprimeurs typographes.*

CONDUCTEUR DE TRAVAUX.— Employé pour surveiller l'exécution de travaux, noter les journées d'ouvriers, les fournitures, quelquefois faire la paye, etc. (Voy. *Contre-maître*).

CONFÉRENCE MIXTE. — Composée de patrons typographes et d'ouvriers compositeurs, devant laquelle sont portées les questions relatives au tarif et à la main-d'œuvre. Cette conférence ne peut qu'agir amiablement entre les parties, et tâcher de les concilier. Le patron appelé devant elle peut refuser de s'y rendre ; le Conseil de prud'hommes donne seul à ses propres décisions la force exécutoire.

CONTRE-MAITRE. — Délégué du patron pour le remplacer dans la surveillance des travaux et la conduite de son atelier: il représente le patron, communique ses ordres et sa volonté, et est l'intermédiaire légal entre lui et ses ouvriers. La loi du 27 mai 1848 sur l'organisation des Conseils de prud'hommes range les contre-maîtres comme électeurs dans la catégorie des patrons, et elle permet d'en introduire un quart dans les Conseils.

Compétence. — Un contre-maître étant un ouvrier dans le sens de l'art. 15 de la loi du 25 mai 1838, c'est devant le Conseil de prud'hommes que doivent être portées les contestations relatives à ses engagements avec son patron (Douai, 14 février 1843).

Congé. — En général, et sauf convention contraire, le contre-maître ne peut recevoir congé que 15 jours avant la fin du mois, s'il est payé à tant par mois; mais s'il est payé à tant par jour, il suit la condition des autres ouvriers de sa profession.

Prescription. — L'action des contre-maîtres contre leurs patrons pour le paiement de leurs salaires se prescrit par six mois s'ils sont payables au mois, et par un an s'ils sont payables par année.

Privilége. — Leurs salaires sont privilégiés sur la généralité des meubles et des immeubles du patron (*Voy.* p. 55).

Responsabilité. — Le contre-maître est tenu des obligations du mandataire (Cod. civ. art. 1991 et suivants); mais il ne peut être rendu responsable de la non-réussite d'un ouvrage ou du peu de prospérité de l'établissement qu'il dirige, s'il n'est prouvé qu'il y ait négligence de sa part ou intention de nuire à son patron.

Responsabilité du patron. — Le chef d'établissement est tenu envers les ouvriers des salaires qui leur sont dus, suivant les conventions faites avec le contre-maître, quand même celui-ci en aurait reçu le montant et n'aurait pas payé les ouvriers. Le contre-maître n'est que le mandataire du patron et les obligations qu'il contracte envers les ouvriers sont censées faites par le mandant lui-même (Cod. civ. art. 1998 et suivants).

CORROYEUR. — Pétrit la terre glaise à pieds nus ou au pilon; cette terre prend alors le nom de *corroi*; elle est employée pour empêcher les filtrations et la perte des eaux dans les bassins, canaux, citernes, etc. Le corroyeur est payé comme le maçon.

COUVREURS. — On ne prend généralement pour apprentis que des garçons couvreurs intelligents qui ont satisfait au recrutement; la durée de l'apprentissage est de trois ans, avec un salaire de 4 fr. pour la première année; 4 fr. 50 pour la deuxième, et 5 fr. pour la troisième. Après la troisième année, l'apprenti, porteur d'un certificat de son patron, constatant qu'il a terminé son temps d'apprentissage, échange ce certificat contre une carte qui lui est délivrée par la société des compagnons, il devient compagnon.

La journée de compagnon est fixée à 6 fr. tant en hiver qu'en été, sans distinction de saison, celle de garçon à 4 fr. (1); celle du compagnon de la banlieue à 5 fr.; s'il vient travailler dans Paris, la journée est augmentée de 50 c. à titre de déplacement.

La durée de la journée est de neuf heures qui se partagent par tiers, de 7 à 9, de 10 à 2, de 3 à 6; on se repose quelquefois un quart d'heure à midi, pendant les grandes chaleurs; ce dernier repos est une tolérance du patron; en hiver, on travaille du jour au jour. On va à l'ordre avant l'heure des travaux, à moins que le patron n'en dispense. La journée de campagne se paie 50 c. en plus.

Le travail se donne très-rarement à la tâche, qui, du reste, n'a jusqu'ici reçu aucune base fixe.

On fait la paye à la quinzaine; il y a des exceptions en petit nombre pour la paye au mois.

Les ouvriers ne fournissent que les outils manuels, qui sont peu nombreux: une auge et une truelle, un marteau à manche plat et tranchant, nommé *essette*, une enclume en forme de T, un tire-clou, un compas de fer et un cordeau.

La mère des couvreurs est rue des Arcis.

D'après l'ordonnance du 28 janvier 1786, les maîtres couvreurs doivent faire pendre deux lattes en forme de croix, et faire tenir un homme dans la rue

(1) Les prix Morel pour 1850 fixent la journée de compagnon à 5 fr. 75 c., et celle de garçon à 3 fr. 75 c.

avec une règle en main, devant les bâtiments où ils font travailler; cette obligation est personnelle au patron.

DALLEURS. — Poseurs de dalles, soit comme couronnement de murs, soit comme carrelage dans l'intérieur des maisons ou sur des trottoirs. L'ouvrier dalleur est payé comme le carreleur, ou au mètre superficiel; quelquefois, pour les trottoirs, au mètre linéaire. Les prix de tâche se règlent de gré à gré.

DÉCHIREURS DE BATEAUX. — A la journée, dans l'eau. 6 fr.; hors de l'eau. 2 fr. 50 à 3 fr. 50; à la tâche, pour déchirer et charger toues en sapin, 13 fr.; toues roannaises ou auvergnates, 15 à 16 fr.; chenières, 26 fr.; il y a des chenières qui se paient jusqu'a 40 fr.

DÉCOUPEURS. — A la journée de douze heures, 5 fr.; le tourneur de roue, 2 fr. 50. Les prix de façon sont débattus à l'avance; ils sont basés sur la quantité de trous à percer, sur l'épaisseur et la dureté du bois.

DÉMOLISSEURS. — Ouvriers employés à démolir un bâtiment, à descendre les matériaux, à les mettre en tas ou à les charger. Il y a à Paris bien peu d'ouvriers occupés spécialement à la démolition, on embauche des manœuvres, des limousins que l'on paie 2 fr. 50 à 3 fr. 50, d'après le travail dont ils sont chargés, soit à démolir, soit à transporter les matériaux, soit à les charger. Si des ouvriers charpentiers sont appelés comme tels, ils reçoivent leur salaire ordinaire.

DESSINATEURS LITHOGRAPHES. — Voy. *Ecrivains lithographes.*

DOREURS SUR BOIS. — Sont seuls, avec les doreurs sur tranche, justiciables du Conseil de prud'hommes pour les Industries diverses. Les apprentis suivent les conditions ordinaires des contrats d'apprentissage; seulement, comme ils doivent se fournir des ustensiles nécessaires à la profession, ils ne peuvent être forcés d'acheter le tout à la fois; ils se fournissent peu à peu, à mesure des besoins.

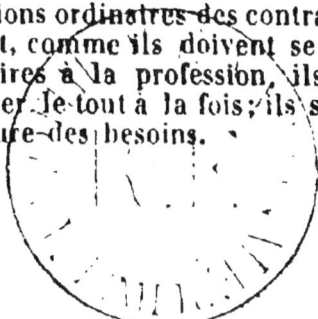

9

Les ouvriers peuvent être divisés en deux catégories : lés doreurs à l'atelier et les doreurs du bâtiment ; ces deux catégories se confondent souvent. Voici les prix de la journée de neuf heures et demie : apprêteurs de deuxième classe, 3 fr. ; de première classe, 3 fr. 50 : doreurs de bordures, 3 fr. 50 ; doreurs de meubles ou de bordures sculptées, 4 fr. ; repareur d'atelier et doreur de bâtiment, 5 fr. ; repareur de bâtiment, 6 fr. Les doreurs d'habitude pris momentanément pour faire la reparure n'ont que 5 fr. ; vermillonneuse, 2 fr. 50. La journée s'augmente de 1 fr. quand l'ouvrier sort des barrières ; s'il veille jusqu'à onze heures, on compte à l'heure avec augmentation de 5 c. La nuit compte double au bâtiment.

Prix de façon : Il existe un tarif qui date de 1832 et que l'on consulte encore aujourd'hui ; cependant les prix de façon sont souvent traités de gré à gré par mètre linéaire ou superficiel, suivant les travaux. Le repareur calcule le travail qu'il peut faire dans une heure évaluée à 80 c., et traite ensuite.

Le repareur fournit ses outils ; le doreur à l'huile, le coussin, la palette et le couteau ; le doreur à l'eau fournit en plus les pinceaux, et pour le bâtiment le patron fournit les pinceaux doux ; la vermillonneuse ne fournit rien, de même que l'apprêteur apprenti ; l'apprêteur ouvrier fournit.

On s'avertit pour le congé le jour de la paye, qui a lieu chaque quinzaine.

Deux pinceautiers et marchands d'outils de dorure, demeurant, l'un rue Saint-Denis, et l'autre rue du Roi-de-Sicile, se chargent sans rétribution du placement des ouvriers sans travaux.

DRAGUEURS. — Se divisent en deux catégories : la première est composée des hommes de bord et d'équipage, par jour, 3 fr. 50 ; du contre-maître et du mécanicien, 4 fr. 50 par jour, ou 125 fr. par mois ; le contre-maître a quelquefois des centimes sur le produit. La seconde est composée des terrassiers et du chef d'équipe ; celui-ci n'est payé que 4 fr. par jour ; on paie à la tâche les terrassiers (*Voy.* ce mot) ; pour l'évaluation on cube le margotin.

ÉBÉNISTES. — Ouvriers employés à la fabrication

des meubles. Les grandes maisons font peu d'apprentis; ils se forment surtout chez les façonnniers et ouvriers en chambre; leur engagement se fait dans les conditions ordinaires. Le prix de la journée de douze heures est de 4 fr. en moyenne. C'est surtout dans cette profession que sont descendus les prix de journée, de manière à donner, dans les petites maisons et chez les façonniers, à peine de quoi vivre à l'ouvrier. Il y a une telle concurrence dans le genre *camelote*, et les vendeurs à la *trôle* sont devenus si communs que le patron qui veut vivre à son tour ne peut guère donner que de faibles prix de journée.

Quant aux prix de façon, ils ont aussi le même sort, et il est très-difficile, quand il s'agit d'une estimation, de la faire de manière à ne léser les intérêts d'aucune des parties, à plus forte raison ne pourrait-on faire un tarif; les prix diffèrent non-seulement d'un quartier à l'autre, mais dans les ateliers d'une même cour.

ÉCHAFAUDEURS. — Il y avait autrefois des ouvriers spéciaux pour établir les échafauds et les enlever; aujourd'hui, pour les grands édifices, on emploie les ouvriers charpentiers qui sont payés à leur journée, et, pour les constructions de moins d'importance, on se sert des ouvriers du chantier payés d'après leur état. On accorde quelquefois aux maçons ou tailleurs de pierre à façon une plus-value de 15 à 20 centimes par mètre superficiel pour la pose et la dépose des échafauds.

ÉCRIVAINS AUTOGRAPHES ET LITHOGRAPHES. — Un apprentissage de quatre ans pour l'élève de douze à treize ans, de trois ans pour l'élève de quinze à seize ans, quand il sait bien écrire et dessiner sur le papier, est ordinairement demandé par les patrons pour former l'écrivain lithographe, avec une somme de 200 à 500 fr. payable par partie chaque année. Lorsque après avoir été exercé à de petits travaux, l'apprenti commence à être utile à la maison, on lui donne de 1 jusqu'à 5 fr. par semaine, selon son aptitude. Au sortir d'apprentissage, l'écrivain reçoit au minimum 600 fr. par an. Les bons écrivains ont jusqu'à 3,000 fr. d'appointements par an. Le prix des pièces se traite de gré à gré.

On se procure du travail en présentant des échantillons d'écritures. L'écrivain fournit tout ce qui est nécessaire à sa profession, excepté la table ; l'encre est quelquefois fournie par le patron. La durée du travail est de neuf heures. Quand l'écrivain est payé au mois, le congé est de quinze jours.

EMMÉTREUR. — Ouvrier employé à mesurer par mètre cube le moellon, la meulière, etc., et à les mettre en tas. Par mètre cube de moellon, 40 c. ; de meulière, 55 c.

FAÇON (Prix de). — Voy. *Prix de façon.*

FAÇONNEUR, FAÇONNIER. — Le premier se dit, chez les fabricants d'articles de Paris, de l'ouvrier qui prépare les objets pour être tournés, sculptés ou gravés, et leur donne ensuite la dernière main avant le poli ou le vernis ; son outil ordinaire est la lime. Prix moyen de la journée de douze heures, 3 fr. 50. — Le façonnier est proprement l'ouvrier à façon ; il se dit surtout de l'ouvrier travaillant en chambre sur la matière première fournie par le patron.

FOLIOTEUSES. — Les cent pages, 5 c. ; le *Doit* et *Avoir*, 10 c. ; à la journée, 2 fr.

FONDEURS EN CARACTÈRES. — Le prix ordinaire de la journée de dix heures est de 4 fr. 50. Il n'y a pas d'indemnité déterminée pour le travail de nuit ; elle n'est pas de droit, il faut la demander avant le travail. Aux pièces, les ouvriers sont payés par mille de sorte ; les gros caractères, ceux d'affiches et de fantaisie, se paient au poids.

Sont payés à la journée : le prote, 6 fr. ; l'homme de peine, 3 fr. ; le mécanicien pour les moules, 5 à 6 fr. ; le justifieur ou justificateur, 6 fr., à moins qu'il ne soit convenu avec le patron d'un prix pour chacune de ses matrices, qui sont payées de 30 c. à 3 fr., d'après les grosseurs.

Sont payés par mille de sorte : le fondeur, la rompeuse, la frotteuse, la créneuse, la composeuse, le coupeur, l'apprêteur ; la plupart des maisons ont un tarif particulier. Voici les prix payés généralement pour la fonte des caractères ordinaires : le 7 et demi, le 8 et le 9, 1 fr. 15 ; le 10 et le 11, 1 fr. 20 ; le 6 et demi et le 7, 1 fr. 30 ; le 12 et le 13, 1 fr. 35 ; le 5 et demi et le 6, 1 fr. 40 ; le 5, 2 fr. ; on paie au kilo depuis 20 c. pour les grosses et triples de fonte, jusqu'à 70 c. pour le 14 ou gros-texte. Pour les signes particuliers et les supérieurs, on paie un tiers en plus des fontes d'après les forces des corps auxquels ils s'adaptent. Les interlignes du corps 4 et de 3 points, 25 c. le kilo ; du corps 6 et de 2 points, 40 c. ; du corps 11 ou de 1 point, 1 fr. 40 c. ; les cadrats du corps 6, 70 c. ; du corps 7, 60 c. ; des corps 8 à 12, 40 c. ; les blancs du 16 au 56 se paient les prix ordinaires.

Les ouvriers fournissent les menus outils qui leur sont personnels ; ils peuvent être remerciés après avoir fini leur sorte.

FOURNIERS. — Construisent les fours des boulangers, des pâtissiers et les réparent. Sont payés à l'heure, 60 c. non nourris ; 50 c. nourris.

GACHEUR. — Contre-maître de charpente ; il y a le gâcheur de chantier et le gâcheur de levage (Voy. *Charpentiers*).

GAINIER. — Ouvrier employé à fabriquer la boîte, la forme, la carcasse en bois des gaînes ; le garnisseur fait partie d'une autre catégorie.—A la journée, rien de fixe, de 2 fr. 50 à 4 fr. 50 ; les prix de façon, toujours débattus d'avance, ne donnent jamais lieu à contestation.

GALOCHIERS. — Font les semelles de bois ; sont payés aux pièces, les cent paires, le refendeur 4 fr. 50 ; le galochier finisseur, 25 fr. pour hommes et femmes ; un tiers ou moitié en moins pour plus petites paires.

GARGOUILLEURS. — Marchands de dalles de pierres recreusées pour l'écoulement des eaux ; ouvriers posant ces dalles, ou constructeurs de gargouilles en moellons avec des enduits de ciment. —On appelle encore gargouilleurs, les marchands de pierres taillées

9.

de différentes formes, dont ils tiennent magasin et qu'ils vendent aux maîtres-maçons qui font des corvées. Le salaire des ouvriers chez les gargouilleurs descend de 25 à 50 c par journée ou par mètre, soit parce qu'ils ont l'avantage d'être employés chez eux un plus long temps, soit parce que les gargouilleurs ne retirent pas un bénéfice aussi fort de la pierre qu'ils vendent que les entrepreneurs de bâtiment qui la font travailler directement.

GLAISIERS. — Ouvriers occupés à extraire la glaise et dont les travaux sont pénibles et dangereux. Ils sont peu nombreux ; sur la rive gauche, il y a environ cent patrons et ouvriers. Chaque puits reçoit un atelier de trois à cinq hommes qui sont payés 4 fr. par jour ; ils coupent la terre par motte d'environ 22 à 25 kilogrammes, qu'un enfant transporte de l'atelier au bout du châble (câble), et cet enfant, appelé châbleur, reçoit par jour 1 fr. ou 1 fr. 25 selon que l'atelier est composé de trois ou de cinq hommes : ce sont les ouvriers qui le paient. Des tireurs à 2 fr. 50 et aux frais du patron, tirent et chargent les mottes sur des tombereaux qui en contiennent 54 ou 81 ; 4 mottes dans le premier cas, 6 mottes dans le second sont pour le pour-boire du charretier, et lui sont achetées par le briquetier ; mais pour cela il faut qu'il aide à charger.

Les ouvriers fournissent la chandelle et les outils manuels ; ils sont payés chaque mois ; dix heures de travail en été ; il y a en hiver deux corvées de sept à onze heures, et de une à cinq heures.

Quand ils sont à leur tâche, ils reçoivent par tour d'enfonçure, 1 fr. ; par barricade, 3 fr. ; pour 54 mottes de la glaise dite reteinte (briques et carreaux), en hiver 2 fr. 25 ; en été 2 fr. 50 ; pour la belle (poteries), en tout temps, 3 fr.

GRAVATIERS.—Entrepreneurs munis de voitures et occupant des charretiers, garçons d'écurie, manœuvres et terrassiers, qu'ils emploient au transport des matériaux de démolition, des terres, du sable, etc. (Voyez *Charretiers, Manœuvres, Terrassiers*).

GRAVEURS SUR BOIS, — pour l'illustration typographique. Il n'y a point de prix fixe pour le travail soit à la journée, soit aux pièces. L'artiste présente ses épreuves au patron ou à l'éditeur pour montrer sa capacité et convient avec lui d'un prix ; le travail achevé, il est fait un nouveau prix pour un nouveau travail. L'engagement à temps a lieu pour un prix fixé par jour ou par mois.

GRAVEURS EN LETTRES. — Employés particulièrement par les entrepreneurs de monuments funèbres ; ils sont toujours aux pièces, et comptent par cent : sur pierre, lettres ordinaires, 3 fr. ; à demi-effet , c'est-à-dire plus profondes, 6 fr. ; à grand effet (lettres profondes dans les pleins d'environ un centimètre et les petits filets hongnettés), 15 fr. ;—sur marbre, lettres ordinaires, 6 fr. dorées ou noircies ; demi-effet, 12 fr. ; grand effet, 25 fr.—La grandeur de ces lettres est de un à trois centimètres ; les lettres plus grandes se traitent de gré à gré.—Les barrettes et les larmes équivalent à trois lettres environ.—Pour la campagne, 50 c. en plus par jour.

GRÈVE.— Gros sable que l'on trouve sur les rives des fleuves et des rivières.— Les ouvriers de bâtiment s'assemblaient autrefois sur la grève qui était située devant l'Hôtel-de-Ville pour attendre des offres de travail, comme ils s'assemblent aujourd'hui dans le même but sur la place de l'Hôtel-de-Ville, qui a toujours conservé le nom de place de Grève. On restait sur la grève quand on manquait de travail ou quand le taux du salaire était jugé insuffisant. De là viennent les expressions : *faire grève*, quand par le refus des ouvriers le travail cesse dans un, plusieurs ou tous les ateliers de la même profession (Voy. *Coalition*, p. 63); *prix de grève*, prix de la journée d'ouvrier que l'on offre sur la grève.

Les couvreurs, tailleurs et scieurs de pierre , maçons et terrassiers ont leur grève sur la place de l'Hôtel-de-Ville ; une petite grève, rue de Sèvres ; les peintres en bâtiment, place du Châtelet ; les ramoneurs, portes Saint-Martin et Saint-Denis ; les serruriers et frappeurs, marché Saint-Martin ; les paveurs du petit ouvrage, rue Montmartre, au coin du boulevart.

IMPRIMEURS LITHOGRAPHES. — Il est rare que

les apprentis soient logés et nourris ; on les prend ordinairement à l'âge de 12 ou 13 ans pour trois ou quatre ans ; ils reçoivent au bout de six mois 3 fr. par semaine et la dernière année 6 fr. ; quelquefois on les met aux demi-pièces au bout de deux ans, puis aux deux-tiers et aux trois-quarts, sans qu'ils soient exemptés pour cela des corvées ordinaires des apprentis.

Les imprimeurs pour les dessins au crayon sont généralement payés à la journée, qui est de dix heures de travail, été et hiver ; les imprimeurs d'objets d'écriture ou de dessins à la plume sont généralement payés à la pièce ou au cent de feuilles, selon les formats des papiers. On paie le carré, in-8°, 50 c. ; in-4°, 60 c. ; in-fol., 80 c. ; in-plano, 1 fr. 25 ; le raisin, in-4°, 70 c. ; in-fol., 1 fr. ; in-plano, 1 fr. 75 ; — le jésus, in-4°, 75 c. ; in-fol., 1 fr 25 ; in-plano, 2 fr. 25 ; — le colombier, in-4°, 80 c., in-fol., 1 fr. 50 ; in-plano, 3 fr. — L'impression des vignettes se traite de gré à gré. — Les prix ci-dessus sont ceux qui se paient dans les bonnes maisons de Paris : il y a des maisons qui ne paient que les deux tiers ou les trois quarts.

Outre le contre-maître, il y a quelquefois un premier ouvrier qui fait les reports, les essais et les petits tirages ; il est en conscience et est payé de 5 à 6 fr. par jour. Les polisseurs de pierres ont 3 fr. 50 à 4 fr. ; les garçons de magasin 3 fr. ; les commissionnaires, 2 fr. 50.

Quand l'ouvrier veille, le patron fournit l'éclairage ; quelques heures en plus sont payées comme la journée ; la nuit est ordinairement payée double.

On est payé à la semaine ou à la quinzaine, d'après les usages des maisons. Le patron fournit tous les outils ; cependant quelques ouvriers ont un rouleau à eux. On donne le congé de huitaine aux ouvriers à la journée ; les ouvriers aux pièces ne sont renvoyés qu'après la pièce, à moins de raisons majeures.

IMPRIMEURS EN TAILLE-DOUCE. — Deux catégories d'ouvriers composent la profession : les imprimeurs en musique et les imprimeurs en vignettes, qui comprennent encore les ouvrages de ville.

Les uns et les autres ont les mêmes conditions d'apprentissage ; on distingue deux sortes d'apprentis : ceux qui, engagés par les parents pour trois ans, sont logés et nourris par le patron, et ne reçoivent une rétribution volontaire que dans les deux dernières années ; et ceux qui, non logés ni nourris, mais ordinairement plus âgés que les premiers, sont immédiatement à leur entrée chez le patron placés avec un ouvrier ; ils restent dans cette condition un ou deux ans, sont ensuite placés à une presse, et prennent la qualification d'apprentis aux trois-quarts, c'est-à-dire rétribués aux trois-quarts des prix d'ouvrier ; ils sont en outre astreints à différentes corvées d'atelier,

Pour se procurer du travail, les ouvriers s'adressent à la société de secours mutuels de la corporation, ou s'informent près de leurs camarades. Les délais du congé ne sont point déterminés ; seulement l'ouvrier doit finir le travail commencé, à moins de raisons à apprécier par le juge.

Il n'y a d'ouvriers à la journée que les contre-maîtres et les garçons de magasins ; quelquefois on met en conscience à 60 c. par heure un ouvrier chargé de faire les épreuves.

Les outils fournis par les ouvriers consistent en tampon, couteau à broyer, brunissoir, terrine à potasse, petite éponge, et pot à éponge ; ils doivent en outre se fournir de chiffons et de chandelles. — On évalue de 1 fr. 75 à 2 fr. les frais de fourniture des ouvriers par semaine. Le patron fournit la presse, ses accessoires et les langes de molleton.

Pour passer la nuit, il n'y a plus d'indemnité déterminée par l'usage ; ce qui était de règle autrefois ne l'est plus aujourd'hui ; le patron donne l'indemnité à volonté ou bien il faut traiter d'avance. Cependant il est général que le tirage de nuit des journaux de mode donne lieu à un supplément de 25 c. par cent. — Quelques bonnes maisons paient 2 francs par nuit.

Prix aux pièces. — Taille-douce. — Il n'y a pas de règle fixe pour les prix de tirage des vignettes, de la géographie et des estampes ; les patrons sont en quelque sorte à la disposition des éditeurs, et les ouvriers à la disposition des patrons ; ceux-ci donnent souvent des prix différents pour des tirages subséquents de la même planche ; cela dépend des soins à apporter au tirage et du temps à employer pour chaque exemplaire ; dans tous les cas, les prix sont basés sur une moyenne d'au moins 50 c. l'heure par chaque ouvrier. On paie les épreuves de 10 à 50 c., il y en a qui sont payées 1 fr.

Il y a cependant quelques ouvrages de ville dont les prix sont déterminés : par cent on paie les cartes de visite ordinaires 50 c.; les cartes-adresses 60 c.: les mandats ou lettres de change ordinaires et les factures in-4° sur coquille, 75 c.; l'in-4° avec pointes sèches, 1 fr.; l'in 8° coquille et le 6° de feuille, 50 c. Les lettres de change à souche se paient 50 c. en surcharge.

Prix aux pièces.—Musique. — Il existe quatre formats différents qui sont rétribués de la manière suivante, par 100 : opéra, 75 c.; symphonie, 75 c.; grande symphonie, 85 c.; partition, 1 fr.— Les albums d'étrennes, 1 fr. 10, à cause du soin à apporter au tirage; les tirages en petit nombre sont comptés : une planche comme trois, et ainsi de suite par deux de plus jusqu'à huit, huit comme neuf, et neuf comme dix; à dix exemplaires il n'y a plus de surcharge. — On paie le jésus 1 fr. 50. — Pour faire son bordereau, l'ouvrier additionne les tirages du même format en tenant compte des règles ci-dessus. Dans quelques maisons, le patron traite à forfait avec ses ouvriers et paie tous les formats un seul prix moyen, sans distinguer les petits des grands tirages.

IMPRIMEURS TYPOGRAPHES. — Se partagent en deux catégories : les imprimeurs typographes proprement dits ou pressiers, qui travaillent sur les presses à bras, et les conducteurs de mécaniques.

1° *Imprimeurs typographes.*

Apprentissage. — L'apprenti est reçu dès l'âge de seize à dix-huit ans, avant même, s'il a la force nécessaire pour le travail de la presse; il est immédiatement confié à un ouvrier auquel il sert de second; nul autre ouvrier ne peut lui donner des ordres ni disposer de lui en aucune manière; il reste exclusivement attaché à l'ouvrier, son compagnon, jusqu'à la fin de son apprentissage. Les presses en conscience sont celles auxquelles on confie de préférence les apprentis.

A Paris, nul n'est accepté comme apprenti s'il n'est fils ou frère d'ouvrier imprimeur; ce n'est que dans des cas très-rares et isolés que cet usage n'a pas été observé. Il a pour cause la progression incessante du nombre des machines qui tout en supprimant les bras, abrègent le travail et réduisent forcément le nombre des travailleurs.

L'apprentissage dure deux ans ; pendant les six premiers mois, l'apprenti gagne 1 fr. par jour ; 1 fr. 50 pendant les six mois suivants, 2 fr. jusqu'à la fin de l'apprentissage. Les heures supplémentaires sont toujours payées au prorata de la journée.

Embauchage. — Pour se procurer du travail, les ouvriers se servent fort peu d'intermédiaires ; le nombre d'ateliers étant restreint, ils sont facilement instruits des mutations qui peuvent y avoir lieu. Cependant il y a, rue de la Harpe, un établissement de marchand de vins chez lequel les ouvriers sans travail sont inscrits, où ils stationnent, et chez lequel on les trouve de 8 à 10 heures du matin et de 2 à 4 heures de l'après-midi.

Tarif. — Le travail s'exécute généralement aux pièces ; cependant, dans la plupart des maisons, il y a une presse en conscience pour les travaux difficultueux et pour les ouvrages de ville. On paie généralement l'heure 50 cent. à chaque compagnon.

Comme les travaux varient à l'infini et que la moindre impression peut être susceptible d'un mieux sans fin, il a été démontré, par l'expérience, qu'un tarif était impossible. Cependant les discussions pour cause de prix sont très-rares ; l'usage a fixé des prix acceptés par tous pour les travaux ordinaires et pour les labeurs. Le tableau suivant contient une partie de ces prix d'usage.

NOMBRE.	CARRÉ.	RAISIN.	JÉSUS.
	fr. c.	fr. c.	fr. c.
100	1 »	1 25	1 50
200	1 50	2 »	2 25
300	2 »	2 50	3 »
400	2 50	3 »	3 75
500	3 »	3 50	4 50
600	3 45	4 »	4 75
700	3 90	4 50	5 50
800	4 35	5 »	6 25
900	4 80	5 50	7 »
1000	5 »	6 »	8 »

Un tirage au-dessus de 25 exemplaires est payé comme un cent.

Un relevage de forme après la mise en train, 50 cent.; un changement sous presse, 30 cent.

Le carré, jusqu'à 1,500, se paie 4 fr. 50 à 5 fr. le 1,000; au-dessus de ce nombre, 4 fr.; le raisin, au-dessus de 1,500, se paie 5 fr. le 1,000, quel qu'en soit le nombre; le jésus, à grand nombre, 7 fr. le 1,000.

Les tirages de luxe, à vignettes, en couleurs, avec encadrements, se paient en conscience à raison de 6 fr. par jour; il en est de même pour les tirages difficiles, les clichés et les grands formats, pour lesquels cependant on traite de gré à gré.

Gratification.—Pour le travail de nuit, il est alloué, comme indemnité, en sus des prix du travail, qui restent les mêmes, 4 fr. par presse; 2 fr. pour une demi-nuit; pour le travail du dimanche, 3 fr. par presse; 1 fr. 50 pour une demi-journée. Les quatre fêtes solennelles donnent aussi droit à l'indemnité; toutes les imprimeries se sont conformées, jusqu'ici, à ce vieil usage.

Outils. — C'est toujours le patron qui fournit presse, encre, rouleaux, etc.; l'ouvrier n'a besoin que de menus outils qui nécessitent peu de frais.

Congé. — En province, l'usage veut que l'ouvrier avertisse huit jours d'avance le patron qu'il veut quitter, et *vice-versâ.* A Paris, où les ouvriers abondent, il n'en est pas ainsi; il est arrivé que des ouvriers ont travaillé dans plusieurs maisons pendant la même journée.

Notions diverses. — Il n'y a point de règle pour faire les épreuves; dans des ateliers elles se font à tour de rôle par journée, ou chaque presse fait une épreuve successivement; dans d'autres ateliers, il y a un homme de conscience qui est chargé de les faire sur une presse particulière; cet homme est rétribué soit par les ouvriers, soit par le patron, d'après les conventions.

Les prix du tirage diminuent quand les ouvriers sont exemptés soit de faire les épreuves, soit de chercher le papier au magasin et de le tremper.

Si la tierce ne mentionne pas le nombre à tirer, et si l'on a donné à l'imprimeur une quantité supérieure de papier, l'imprimeur n'est pas responsable d'un tirage trop nombreux.

L'imprimeur n'est tenu de donner une révision que lorsque l'intérêt de son travail l'exige et quand la tierce est chargée de corrections. S'il a roulé avant l'ordre, et quand la mise en train laissait encore à désirer, il est responsable des feuilles impropres.

2° *Conducteurs de mécaniques.*

Apprentissage. — On prend toujours les apprentis conducteurs parmi les ouvriers imprimeurs. Pour diriger ou *conduire* convenablement une *machine à imprimer*, il est indispensable d'avoir préalablement passé par la *presse manuelle* ou *à bras*. Il est pourtant quelquefois arrivé que des *margeurs*, jeunes gens élevés autour des machines, sont parvenus, après des efforts persévérants, à devenir conducteurs. A proprement parler, il n'y a pas d'apprentissage à la machine. Dès qu'un imprimeur y est admis par un patron, il reçoit la journée ordinaire. Il est très-rare qu'un imprimeur intelligent ne soit pas au fait au bout de quelques semaines; le passage de la presse manuelle à la machine ne doit être considéré que comme un changement d'outils.

Embauchage. — Le nombre des conducteurs s'élevant à peine à Paris à 150, il leur est très-facile de se connaître et de se procurer mutuellement du travail.

Salaires. — En règle générale, les conducteurs sont à la journée, laquelle varie de 6 à 9 fr. pour dix heures de travail; pour les impressions ordinaires de labeur, la journée est payée de 6 à 7 fr.; pour les tirages à vignettes, ce qui nécessite de plus grands soins, un travail plus compliqué, plus délicat et des études spéciales, le prix varie de 7 à 9 fr., et même s'élève à 10 fr. par jour; pour les journaux, qui ordinairement ne s'impriment que la nuit, 7 fr.

Autrefois, alors qu'on imprimait de longs labeurs, les conducteurs étaient payés à tant la rame, selon la nature du travail; aujourd'hui qu'on réclame plus de soins pour les impressions, ce mode de traiter n'existe plus nulle part.

Pour les travaux de nuit, dits travaux supplémentaires, il est alloué dans certaines maisons un tiers en plus du salaire ordinaire; dans d'autres, et c'est le plus grand nombre, le salaire est le même que celui de la journée.

Il n'y a pas d'heure fixe pour le commencement et la

fin des journées ; on se conforme aux exigences du travail ; cependant la journée est en général de dix heures ; les heures supplémentaires sont payées au taux ordinaire de la journée, à l'exception de ce qui a été dit plus haut pour la nuit.

Responsabilité — Est responsable du mauvais tirage, le conducteur qui a fait sa tierce sur la presse aux épreuves, l'a fait voir et signer, et a ensuite mal placé les formes sur la mécanique.

L'ouvrier imprimeur ordinaire est sauvegardé par la signature de celui qui a vu la tierce ou qui convient avoir donné ordre de rouler. Mais, en équité, ce droit ne saurait être invoqué par un conducteur de mécanique sur lequel le patron appuie toute sa confiance et qui doit avoir acquis des habitudes d'ordre et de surveillance dans les nombreux détails qui composent ses travaux.

Ouvriers accessoires. — Au fonctionnement des machines sont attachés d'autres ouvriers : pour les machines à vapeur dites à réaction, deux margeurs, par jour, 2 fr. 50 à 3 fr. 50 ; deux receveurs de feuilles, 2 fr. à 2 fr. 50 ; pour les machines à vapeur ordinaires, un margeur, le même prix ; un receveur de feuilles (enfant ou vieillard), 1 fr. à 1 fr. 50 ; pour les machines en blanc, le même prix ; pour les machines mues à bras d'hommes, trois tourneurs, 2 fr. 50 à 3 fr. ; une margeuse, 2 à 3 fr.

Aux presses manuelles et mécaniques sont encore attachés dans quelques maisons un faiseur d'épreuves, ordinairement un vieillard, payé 2 fr. à 2 fr. 50, soit par les ouvriers, soit par le patron, d'après les conventions, et un trempeur qui reçoit 3 fr.

Enfin sont encore attachés aux imprimeries typographiques des hommes de peine pour faire les courses, et un garçon de magasin qui est chargé du papier, 2 fr. 50 à 3 fr. par jour (Voy. *Banque, Compositeur, Maîtres imprimeurs*).

IVOIRIERS. — Voy. *Articles de Paris, Tabletiers.*

JOUETS D'ENFANTS (Fabricants de).—Il y a presque autant de catégories de fabricants qu'il y a de sortes de jouets ; ils travaillent presque tous en chambre et vendent aux marchands en boutique. Le prix moyen de la journée de douze heures est de 3 fr. 50 (Voy. *Articles de Paris*).

JUSTICES DE PAIX. — Depuis l'établissement des Conseils de prud'hommes à Paris, les juges de paix du département de la Seine sont devenus incompétents pour juger les questions relatives au contrat d'apprentissage et au contrat de louage d'industrie (Loi du 25 mai 1838, art. 5).

LAYETIERS-EMBALLEURS. — Profession très-rude qui exige dans les apprentis une forte constitution et ne permet pas aux ouvriers de pratiquer dans un âge avancé. L'apprenti ne donne à son patron que deux ans : il n'est ni nourri ni couché ; et trois ans dans le cas contraire ; comme il rend des services dès son entrée à la boutique, il est juste de lui donner une rémunération proportionnée à ces services. Devenu ouvrier, il gagne 3 fr. par jour.

Le prix de la journée ordinaire est de 3 fr. à 4 fr. 50 ; la moyenne, 4 fr ; quand un ouvrier est embauché pour un coup de main, l'usage est de lui donner 50 cent. de plus. Il n'y a pas de règle établie pour la durée du travail : chez les uns, on fait onze heures été comme hiver ; chez les autres, douze heures en été, depuis six heures du matin. Le travail fait jusqu'à neuf heures du soir compte pour un quart de jour ; une nuit de travail compte pour une journée sans gratification, mais le patron donne une petite collation. Quand l'ouvrier va faire des emballages à la campagne, le patron paie le voyage et le coucher seulement ; il n'y a pas d'autre indemnité.

Prix de façon. — Se traitent de gré à gré avec le patron et sont plus ou moins élevés d'après les besoins de l'exportation ; la caisse se mesure par largeur, hauteur et longueur, en tenant compte de l'épaisseur du bois et en mesurant extérieurement.

Les ouvriers fournissent peu d'outils ; ils se procurent du travail les uns par les autres, ou bien ils ont recours à la douane à différents emballeurs qui y sont attachés pour mettre les caisses en gras et maigre.

LIMOUSINS-LIMOUSINANTS. — Voy. *Maçons*.

MAÇONS. — Le maçon proprement dit fait les légers ouvrages, emploie du plâtre, des lattes et des plâtras; les gros ouvrages, le gros œuvre est fait par des ouvriers appelés *limousins*.

Apprentissage. — Pour apprentis maçons on choisit des garçons maçons intelligents que l'on commence par faire limousiner et auxquels on donne 2 fr. 75; on augmente ensuite le prix de la journée à mesure qu'ils deviennent plus forts, plus capables. Il y en a peu qui aillent au plâtre immédiatement sans avoir limousiné. Un apprenti maçon peut être formé au bout de deux ans.

TARIF DES PRIX DE JOURNÉES.

	1830	1840	1847	1850 Plus bas	1850 Plus élevés	Prix Morel
	f. c.	f. c.	f. c.	f. c.	f. c.	f. c.
Tailleurs de pierre (ravalement)	»	»	»	4 25	5 »	5 »
Tailleurs de pierre (chantier)	3 50	4 »	4 50	4 »	4 50	4 25
Poseur	4 50	4 50	5 »	4 50	5 »	5 »
Contre-poseur	3 »	3 25	3 50	3 25	3 75	3 75
Aide-poseur	»	»	»	2 50	2 60	»
Ficheur	2 75	3 25	3 50	3 25	3 50	3 50
Pinceur	»	»	»	2 75	3 25	3 »
Bardeur	2 50	2 75	2 75	2 50	2 75	2 75
Maçon	3 50	3 75	4 25	4 »	4 50	4 25
Limousin	2 75	3 »	3 50	3 »	3 50	3 25
Premier garçon	»	»	»	2 50	2 75	»
Garçon ou aide	2 »	2 40	2 50	2 40	2 50	2 60
Gardiens	»	»	»	2 »	3 »	»

Tous ces prix diminuent de deux dixièmes pour les journées de huit heures; il est fait exception pour le garçon maçon, qui reçoit 2 fr. 25 pour huit heures de travail, et 2 fr. 40 pour neuf heures.

Appareilleur et maître compagnon maçon, 150 à 180 fr. par mois ; chef d'atelier, 6 fr. par jour ; souffleur (aide appareilleur), 4 fr. 50 a 5 fr., selon l'importance du chantier.

Les heures supplémentaires se paient au taux ordinaire ; la nuit, moitié en sus ; l'indemnité de campagne est de 50 cent. au moins ; le voyage est payé par le patron. L'augmentation de salaires pour construction, démolition ou réparation d'égouts ou de fosses d'aisance se traite de gré à gré.

Prix de tâche. — Quand un patron donne un ouvrage à tâche, il doit conduire les matériaux à pied d'œuvre et fournir les échafauds et les équipages ; le tâcheron n'est muni que de ses outils ordinaires, il ne doit que la main-d'œuvre. Toute espèce d'ouvrages de maçonnerie et de limousinerie ne peut être prise facilement à tâche, à cause de la difficulté d'une appréciation juste. On donne à tâche les murs de clôture, d'égouts et de maisons, les jointoiements, les légers ouvrages, etc. Les prix de tâche sont souvent basés sur les prix Morel ou les prix des cahiers de charges, sauf une diminution de 20 ou 25 p. 100 au bénéfice du patron pour ses frais.

Outils. — Le patron fournit les instruments de chantier, ce qu'on appelle les équipages, et une partie des outils, tels que bars, pinces, poinçons, masses, fiches, calibres et bouchardes.

Embauchage. — Les maçons n'ont point de mère ; ils s'embauchent par connaissance ou sur la place de Grève (Voy. *Ouvriers du bâtiment*).

MAITRES IMPRIMEURS. — Outre un grand nombre de prescriptions légales qui leur sont personnelles, les maîtres imprimeurs sont obligés d'exprimer leur nom et leur adresse sur toutes les impressions, les ouvrages de ville pour la plupart exceptés, de faire la déclaration des labeurs qu'ils sont sur le point d'exécuter, et d'en déposer deux exemplaires au lieu déterminé par les règlements. L'oubli de ces formalités peut entraîner des amendes très-élevées, et le patron serait en droit d'en faire rendre responsables les employés qu'il a délégués pour s'en acquitter. Du reste, l'action ne pourrait être portée devant le Conseil de prud'hommes, qui ne connaît que des contestations relatives au travail.

10.

MALFAÇONS. — C'est, dans les différents travaux, tout défaut de matière ou de construction, provenant ou d'une économie mal entendue ou de l'infidélité, de l'ignorance ou de la négligence de l'ouvrier (*Voy.* pour la responsabilité, page 46).

MANOEUVRE. — N'a point de profession déterminée; est employé à faire tout travail qui ne demande pas d'apprentissage; son salaire est communément de 2 fr. 50; il y a lieu à une plus-value si le travail se fait dans l'eau, exige une force plus qu'ordinaire, etc. Le manœuvre n'est justiciable des Conseils de prud'hommes qu'autant qu'il a travaillé chez un patron qui en est justiciable et pour son industrie.

MARBRIERS. — Peuvent se diviser en plusieurs catégories, selon qu'ils sont occupés de travaux pour le bâtiment, les monuments funèbres, la pendule, etc.

Dans les ateliers on travaille onze heures, été comme hiver; les ouvriers fournissent les outils, dont l'entretien est à la charge du patron; ils reçoivent à la journée, le scieur, 4 à 5 fr.; le marbrier, 4 fr. 25; le polisseur, 3 fr. 50 à 4 fr.; le sculpteur, 6 à 8 fr.; le poseur, 5 à 6 fr. Les patrons ne sont pas dans l'usage d'accorder une gratification pour travail de nuit, mais ils paient le voyage et un supplément d'un franc par jour pour travaux hors Paris. Il n'y a aucune règle pour le congé, qui se donne ordinairement quand l'ouvrage est suspendu ou fini, sans avertissement préalable. On paie le plus souvent au mois; des à-compte sont donnés dans l'intervalle.

Quand les ouvriers travaillent à leurs pièces, les prix ont été presque toujours débattus d'avance, ou bien ils sont déterminés par un tarif ou l'usage.

Les prix de sciage sont comptés en prenant pour unité le marbre blanc statuaire ou veiné qui est payé 1 fr. 25 le pied superficiel, ou pour plus grande quantité 10 fr. 50 le mètre; le plus dur est payé le double. Ainsi, on paie le bleu antique, le bleu fleuri, le bleu turquin, 11 fr. 50; le rouge de Laval et de Caen, 12 fr. 50; le marbre royal, le Languedoc, 13 fr.; le Sainte-Anne, le petit antique, 14 fr.; le vert Campan, le Roquebrune, le jaune de Sienne, le jaune antique, le vert de

Gênes, 15 fr. ; le noir de Dinan et de Namur, 17 fr. ; le vert d'Égypte, la brèche africaine, 17 fr. 50 ; le vert antique, le Lunel, le vert de mer, le Portor, 20 fr On paie le granit des Vosges, 25 fr. ; des Pyrénées, 28 fr.

Pour la taille du marbre blanc, on paie le mètre cube d'ébauche, 17 fr. ; le mètre de parement 12 fr. 50 ; le mètre de lits et joints 6 fr. 50 ; pour le marbre noir, le double ; pour la griotte, le jaune de Sienne, le vert de mer, moitié en plus ; pour le bleu fleuri et les autres marbres de couleur, un tiers en plus.

Polissage, marbre blanc, 3 fr. 60 ; vert antique, 9 fr.

MENUISIER EN BATIMENT. — *Apprentissage.* — Dans cet état dur et pénible qui exige de la force, il n'est guère permis de prendre pour apprentis des enfants au-dessous de 14 ans. La durée de l'apprentissage est ordinairement de trois ans ; et quand le maître nourrit l'apprenti, il demande une année de plus. Le patron, satisfait du travail de son élève, lui accorde une rétribution qui est en commençant de 50 c. à 1 fr. par semaine et s'élève quelquefois à 5 fr. à la fin de l'apprentissage.

L'apprenti menuisier est connu dans les ateliers sous le nom d'*attrape-science*. On l'occupe à faire des chevilles, à ranger les outils, à chauffer la colle, à aider à tirer le bouvet et les outils de fortes moulures ; peu-à-peu on lui donne des travaux à faire seul. Chaque dimanche dans la matinée, il doit ranger les outils à leurs places, nettoyer les établis et balayer l'atelier, après avoir entassé ou remisé les copeaux. En sortant d'apprentissage, il doit être capable de gagner 2 fr. 25 au moins par jour : au bout de 18 mois il doit avoir le prix ordinaire de l'ouvrier.

On fait peu d'apprentis dans Paris ; ceux qu'on y forme sont communement de faibles ouvriers ; les ateliers ne sont pas propices à en faire de bons ; les patrons sont peu stables dans leurs ateliers, et pendant leur absence les apprentis, abandonnés à eux-mêmes ou à la merci des autres ouvriers, n'apprennent rien, font des courses, portent des fardeaux et sont plutôt des hommes de peine ; il est difficile de devenir bon ouvrier, quand on a eu de si mauvais commencements. Dans certains ateliers cependant, le patron attache l'apprenti à un ancien ouvrier, qui l'instruit et profite d'une partie de son travail.

En province les patrons sont plus sédentaires ; ayant les apprentis presque continuellement sous leur surveillance, ils les habituent au travail et les font progresser rapidement. A l'expiration de leur apprentissage, la plupart de ces jeunes gens, désireux de se perfectionner, vont travailler dans les grandes villes ou viennent à Paris, où ils perdent bientôt les habitudes lentes ou routinières de la province, pour se conformer à des méthodes plus certaines et plus expéditives.

Si beaucoup trouvent des patrons justes qui leur donnent le prix de journée correspondant à leur capacité, d'autres trouvent malheureusement des marchandeurs se disant contre-maîtres qui les exploitent et profitent de leurs travaux.

Embauchage.—Paris n'est point une ville de compagnonnage pour les ouvriers menuisiers ; ils n'y ont point de mère ; il existe seulement plusieurs hôtels garnis (rue neuve Saint-Denis, rue du Petit-Carreau, rue des Petits-Champs-Saint-Martin, rue Zacharie) où vont descendre les ouvriers arrivant de province ; c'est en général à ces hôtels que les entrepreneurs de menuiserie, surtout ceux des environs de Paris, s'adressent pour avoir des ouvriers, s'ils ne peuvent s'en procurer par connaissances, ce que l'on préfère toujours.

Quant aux ouvriers sédentaires, ils se procurent de l'ouvrage ou par connaissances ou en s'adressant de boutique en boutique, mauvais usage que quelques hommes voués aux intérêts de la corporation auraient voulu faire disparaître en créant un bureau central d'embauchage ; ils n'ont pu jusqu'à ce jour réaliser leurs projets. Il est à désirer de voir disparaître au plus tôt un usage qui blesse une juste susceptibilité, et qui a toujours répugné à l'ouvrier honnête et tranquille ; c'est le dernier moyen qu'emploie l'ouvrier, et il ne l'emploie que comme contraint.

Heures de travail.—D'après une décision prise le 26 mars 1849 par la chambre syndicale des entrepreneurs de menuiserie de Paris, et par les entrepreneurs eux-mêmes convoqués à cet effet, la journée de travail a été fixée à dix heures, soit dans l'atelier soit en ville ; elle est de six en six en été, et de sept en sept en hiver, avec deux heures pour les repas.

Prix de façon. — Les travaux à façon sont payés généralement d'après le tarif Colin, deuxième édition ; les prix de ce tarif ont été basés sur le temps passé, par un ouvrier de moyenne force, à faire chaque ouvrage de menuiserie ; les cas non prévus sont estimés par comparaison.

Les travaux de marchandage sont consignés et détaillés dans un mémoire dont l'ouvrier garde la minute et dont il remet la copie à l'entrepreneur ; celui-ci consigne ses observations à l'encre rouge, et en fait part à l'ouvrier, qui doit critiquer par écrit les réductions opérées, s'il ne les trouve pas justes. Ce n'est qu'alors qu'il y a lieu d'en appeler au Conseil de prud'hommes, si les parties ne peuvent s'entendre, soit sur les mesures soit sur les prix à appliquer.

Le menuisier à façon doit aider à métrer son travail sans rétribution ; l'ouvrier à la journée reçoit un salaire pour le temps qu'il passe à cette opération,

Salaires. — Le prix de la journée est de 3 fr. 50 ; pour la menuiserie d'art il est de 4 à 6 fr. ; les corrects et commis traitent de gré à gré ; le poseur reçoit 4 fr. dans un grand nombre de maisons.

Il est rare que les heures faites après la journée soient mieux payées que les heures de la journée ; pour le travail de nuit, il est dû à l'ouvrier une indemnité qu'aucun usage bien suivi n'a encore déterminée, et pour laquelle il faut traiter d'avance avec le patron ; le plus souvent, un repas est donné dans le courant de la nuit, soit par le propriétaire, soit par l'entrepreneur.

Quant à l'indemnité de campagne, il n'y a pas non plus de règle ; autrefois dans les fortes maisons, on payait 1 fr. par jour de supplément pour tout travail fait hors des murs d'enceinte ; on paie aujourd'hui 50 c. pour frais d'auberge, avec les frais de transport.

Outils. — A l'exception des établis, valets, sergent et autres gros outils, l'ouvrier doit avoir l'affûtage complet, bouvets simples et de deux pièces, marteaux, ciseaux, scies, becs-d'âne, etc ; il est fait une retenue de 25 c. par jour à l'ouvrier qui n'a pas ses outils.

Paye. — On fait la paye tous les quinze jours, trois semaines, quatre semaines ou tous les premiers samedis du mois, d'après l'usage des boutiques ; peu importe le jour fixé, la paye a toujours lieu après la journée faite.

Congé. — C'est ordinairement le jour de la paye que le patron remercie les ouvriers qu'il ne veut ou ne peut plus conserver; il n'y a, du reste, pas de règles établies pour le congé : l'ouvrier quitte son patron, le patron remercie l'ouvrier quand bon leur semble : c'est un abus déplorable auxquels remédient les bons patrons en donnant, si les travaux finissent au milieu de la semaine, d'autres menus travaux qui conduisent jusqu'au samedi soir, car il est rare qu'un ouvrier débauché au milieu de la semaine trouve des travaux avant le dimanche suivant.

MENUISIERS EN FAUTEUILS. — Ouvriers qui font les siéges des appartements, à l'exception de la moulure, de la sculpture et du vernissage. Il n'y a que les ouvriers employés aux réparations qui ne soient pas aux pièces; chacun fait la sienne, et est payé à quinzaine d'après un tarif particulier ou convention préalable. Le tarif est basé sur le temps passé à l'objet; en prenant pour base l'heure de 50 c.; le prix moyen de la journée de onze heures est de 4 fr. Les ouvriers fournissent leurs outils, dont l'usure peut être évaluée à 25 c. par jour.

MENUISIERS MACHINISTES. — Par jour, 3 fr. 50; par nuit, le double; par demi-nuit, moitié en sus ; par heure supplémentaire, moitié en sus. Les accessoires sont payés 75 c. par soirée.

MENUISIERS-MODELEURS. — Sont attachés, pour la plupart, à des ateliers de fondeurs en métaux : pour la durée du travail ils subissent les conditions de l'atelier; et pour le prix de journée, ils ont le prix ordinaire des menuisiers.

MENUISIERS EN VOITURES. — Sont rarement à la journée, qui est de onze ou douze heures, cela dépend des boutiques ; les prix varient de 3 fr. 50 à 5 fr. De même que les menuisiers en bâtiment, ils fournissent tous leurs outils.

L'ouvrier aux pièces est appelé marchandeur; il reçoit du patron, avec le dessin de l'objet à confectionner, le bois tout débité; s'il s'agit d'un travail important, il s'associe un ou deux camarades. Ils traitent du prix avec le patron, ou se conforment au tarif ; la plupart des maisons en ont un qui leur est particulier.

Prix de façon : Voici quelques exemples pris dans le tarif d'une des premières maisons de Paris. Coupéchaise ordinaire, brancard carré avec crosses, 170 fr.; landau, porte coupée, 110 fr.; porte entière, 115 fr.; coupé, 100 fr.; calèche, 63 fr., cabriolet à jour avec une seule moulure, 56 fr.; phaéton avec cerceaux, 43 fr.; passage de roues, 5 fr.; avance droite, 15 fr.; coffre à coquille, 23 fr.; baie droite, 10 fr.; châssis, 2 fr.; cerceaux (la garniture de cinq), 4 fr ; porte de cabriolet ordinaire, 8 fr.

MINEUR. — Mineur piocheur, 3 fr. 50 ; mineur à la poudre, 5 fr.

MODELEURS EN TERRE ET PLATRE. — 5 fr. au moins par journée de neuf heures.

MOSAISTES. — Sont à la journée : le chef, 8 fr.; ouvriers de première classe, 6 fr.; de deuxième classe, 4 fr. 50 ; marbriers, 4 fr. 25 ; homme de peine, 2 fr. 50. Dans certains travaux d'une grande importance, on ne prend que quelques ouvriers mosaïstes, auxquels on adjoint des hommes de divers états payés moins chers, et qui sont mis au courant du travail en quelques semaines.

MOULURIERS. — Ouvriers attachés comme spécialité aux menuisiers en bâtiment et aux menuisiers en fauteuils. Il y a des maisons particulières de moulures pour le bâtiment; les mouluriers pour le siége travaillent chez le fabricant de siéges. On reçoit des apprentis de tout âge, depuis l'âge de treize ans ; ce sont souvent des ouvriers d'autres états qui sont mis au courant de la partie.

Mouluriers pour le bâtiment. — Pour les prix de journée, ils subissent les conditions des menuisiers en bâtiment ; seulement il est d'usage de payer le poseur 25 ou 50 c. de plus par jour. Les ouvriers ne sont à la journée que pour des moulures de commande ou des articles non courants; dans ce cas, le patron fournit l'outil nécessaire pour confectionner la moulure. Les prix de façon sont proportionnés au développement des moulures, au nombre de corps dont elles se composent. On compte par mètre linéaire. Il y a des ouvriers mouluriers robustes et durs au travail qui gagnent aux pièces jusqu'à 7 fr. par jour, d'autres ne se f.nt que 3 fr. : aussi ne peut-on baser les prix de façon que sur le travail fait par un ouvrier de force ordinaire.

Mouluriers pour siéges. — Au bout d'un mois ou six semaines, l'ouvrier peut faire la moulure ; presque toujours à façon, il suit un tarif spécial dans chaque maison ; il fournit ses outils dont l'ensemble peut valoir 5 ou 6 fr.

OUVRIERS. — Le mot *ouvrier*, pris dans son accep- tion la plus générale, désigne celui qui s'engage, moyennant un certain prix, à faire un travail manuel pour le compte d'autrui. L'ouvrier, tel qu'il est consi- déré dans ce livre, fait un travail non-seulement ma- nuel, mais industriel ; il œuvre, il confectionne, il pro- duit. Ne sont pas ouvriers dans ce sens le domestique, le cocher, le batelier : l'un est attaché à la personne, les autres à la chose ; ils reçoivent des *gages*, tandis que les ouvriers proprement dits sont attachés à l'indus- trie des patrons, et reçoivent des *salaires*.

Les ouvriers peuvent être divisés en deux classes : ceux qui travaillent à tant par heure, par jour, par mois ; et ceux qui travaillent à façon, aux pièces ou à la tâche.

Le contrat qui lie l'ouvrier et le patron prend le nom de *contrat de louage d'ouvrage ou d'industrie.*

OUVRIERS DU BATIMENT. — Sous cette dénomi- nation sont compris non-seulement ceux qui travail- lent au gros œuvre, à la terrasse, aux murs, à la cou- verture, mais encore ceux qui achèvent l'intérieur et l décorent. Ils ont de commun plusieurs usages qui se ront l'objet de cet article. Les exceptions sont indiquée aux articles particuliers.

Embauchage. — Un grand nombre trouvent des tra vaux par connaissances et en parcourant les chantier et les boutiques, d'autres ont une grève (*Voy.* ce mot ou une mère à laquelle les patrons s'adressent. O donne à l'ouvrier embauché le temps moral nécessaire pour chercher ses outils et arriver au chantier : s'il vient avant l'heure du déjeuner, neuf heures, pourvu qu'il ait déposé ses outils et mis la main à l'ouvrage, la journée entière lui est comptée.

Durée de la journée. — Elle est de six en six en été, divisée par deux intervalles d'une heure, à neuf heures et à deux heures; quand les jours diminuent on ne fait plus qu'un repas d'une heure, ou deux repas d'une demi-heure, pourvu que la journée soit remplie. En hiver la journée est de huit heures, et les salaires diminués d'un cinquième. Les grandes journées (celles de dix heures) commencent au 1er mars, et finissent au 31 octobre.

Travaux. — Pour annoncer le commencement, la suspension, la reprise et la fin des travaux : chez les maçons, le maître compagnon bat la latte; chez les charpentiers, un des anciens donne un coup de sifflet; chez les paveurs, le chef d'atelier donne un coup de marteau. Dans les ateliers importants, le son d'une cloche dirige les mouvements ; dans les autres, le contre-maître avertit. Il est souvent utile de constater le moment précis où ont eu lieu ces divers avertissements, soit pour s'assurer du nombre d'heures de travaux de la journée, soit pour constater le retard apporté à la cessation des travaux.

Débauchage. — L'ouvrier que l'on veut débaucher doit être prévenu une demi-heure avant la fin de la journée.

Salaire. — Pour le bâtiment, on se base sur les prix Morel, dont une édition paraît chaque année et qui servent aux réglements des travaux dans les administrations publiques. S'il y avait convention d'un autre prix avec l'ouvrier, la convention serait exécutée (*Voy.* p. 40).

Paye. — La paye se fait généralement le premier samedi du mois; on ne compte que les journées faites dans le mois écoulé; celles qui ont été faites depuis le premier du mois jusqu'au samedi de paye restent à compter pour la paye suivante. Chez la plupart des patrons on donne, dans l'intervalle des payes, des à-compte proportionnés aux travaux exécutés.

PAYE.— *Voy. Ouvriers du bâtiment.*

11

PAILLEUSES.— Le prix pour la chaise ordinaire est de 60 c.; on en fait deux et demi à trois par jour ·

PAPETIERS.—*Fabricants de registres.*—Pour trouver du travail, les ouvriers s'adressent aux régleurs, qui leur indiquent gratuitement les maisons à visiter. La durée de la journée n'est pas la même dans toutes les maisons; les papetiers en boutique conservent les ouvriers jusqu'à la fermeture, à dix heures du soir, mais ils ne font commencer le travail qu'à sept ou huit heures du matin; chez les papetiers en chambre on fait généralement douze heures et on commence plus tôt.

Le prix ordinaire de la journée est de 3 fr. 50; il y a des ouvriers qui ont jusqu'à 5 fr. Les nuits ne sont le plus souvent payées que comme les journées; il y a cependant des patrons qui donnent ou une gratification ou moitié en plus, ou autant pour 7 ou 8 heures de nuit que pour la nuit entière; quelques heures après la journée sont payées au prix ordinaire. On paie tous les samedis au soir. Les patrons fournissent tous les outils.

Prix de façon. — Il y a deux sortes d'ouvriers à façon : ceux qui travaillent en chambre, et ceux qui travaillent dans l'atelier du patron. Les prix suivants sont pour l'ouvrier en chambre, et diminuent d'un dixième pour l'ouvrier d'atelier.

Par cent, in-folio, demi-basane, jusqu'à 4 mains, pot, 50 fr.; couronne, 60 fr.; écu, 80 fr.;— in-4°, dos percaline, 2 mains, pot, 12 fr.; couronne, 14 fr.; dos mouton, gardes de couleur, pot, 23 fr.; couronne, 25 fr.; — in-8°, dos mouton, gardes de couleur, 2 mains; pot, 16 fr.; couronne, 20 fr.; écu, 23 fr.; carré, 25 fr.; raisin, 28 fr ; livres de blanchisseuses, pot, 5 fr.; couronne, 5 fr. 50; carnets de voyage, couverts en mouton, poche percaline, 63 fr. Tous ces prix augmentent s'il y a moins d'un demi-cent; pour moins de 25, on compte par registre.

A la fabrication des registres sont attachées trois parties spéciales, le régleur et la folioteuse (*Voy.* ces mots), et le garnisseur, qui fait les coins et les ferrures; cette spécialité, qui ne compte que trois ou quatre patrons dans Paris, appartient à la catégorie des métaux.

PARAPLUIES (Fabricants de). — Il n'est guère de

profession que se compose de plus de sortes d'ouvriers travaillant soit en chambre, soit en boutique. Ils sont rarement à la journée, conviennent avant le travail des prix de façon, comptent par pièce ou par douzaine, sont payés à la quinzaine et fournissent leurs outils. La canne de parapluie se paie comme la canne ordinaire : on paie pour façon des baleines 1 fr. le cent; des tringles, 2 fr. 25 le cent; pour couvrir et coudre, 25 à 50 c. la pièce.

PARQUETEURS. — Profession renfermant quatre classes d'ouvriers qui se confondent quelquefois en une ou deux classes. le friseur, le poseur de lambourdes, le poseur (parqueteur) et le replanisseur ou rabotteur. A la journée de dix heures, le friseur reçoit 3 fr. 50, le poseur de lambourdes et le replanisseur 4 f. 50 ; le parqueteur, 5 fr. Les ouvriers ont en outre l'usage d'emporter les bouts de bois; le maître parqueteur n'en a sa part que lorsqu'il a travaillé par ses mains. Quant aux autres conditions du travail, elles sont les mêmes que pour l'ouvrier menuisier en bâtiment.

Prix de façon, par mètre superficiel :

1º *Frise*, 40 c. sapin; 65 c. chêne ;

2º *Pose de lambourdes*, planchers à l'anglaise, parquet en point de Hongrie, parquet en feuilles, 10 c.; plus-value pour parquet en compartiments, 10 c. ; *id.* pour point de Hongrie retourné sur tous sens, 15 c.;— pose de lambourdes brochées sur les solives, sans scellement, 20 c.

3º *Pose de parquets.* — Parquet en point de Hongrie ordinaire, chêne, épaisseur 27 mil., frise de 2 m. 25, coupée en trois ou en quatre, de 8 à 11 centim. de large, 1 fr. 20; de 7 centim. et au-dessous, 1 fr. 40; avec frise d'encadrement, 1 fr. 60. Le même parquet, retourné au milieu, chaque losange ou carré, 1 fr. 50 ; *id.* de 34 mil. d'épaisseur, plus-value, 20 c.; *id.* en sapin de 27 ou 34 mil. d'épaisseur, 20 c. en moins que le chêne. Parquet dit posé en bâton rompu même prix que le point de Hongrie.

Parquet posé en compartiment, dit en point de Hongrie retourné sur tous sens, avec une frise d'encadrement autour de la pièce, l'écartement des travées de 40 à 50 centim. de large, la frise de 8 à 11 centim., sur 27 mill. d'épaisseur, 3 fr. 50 ;— plus-value pour la frise de 7 et au-dessous, 30 c.; *id.* pour travées de 35 de large et au-dessous, 30 c.; *id.* pour 34 mill. d'épaisseur, 35 c.

Vieux bois, point de Hongrie ordinaire, déposé, coupé, rainé de chaque bout, reposé, nettoyé, plus-value, 20 c.; *id.* pour parquet retourné sur tous sens, 50 c.

Embrasure de porte formant losange, encadrée dans une baie de 1 m. 20 sur 0 m. 50, plus-value, 2 fr.

Plancher dit à l'anglaise, chêne, 27 mill. d'épaisseur, frise de 8 a 11 cent. de large, 55 c.; plus-value pour frise de 7 et au-dessous, 15 c.; *id.* avec frise d'encadrement, 15 c.; *id.* pour 34 mil. d'épaisseur, 15 à 20 c.; — pour sapin de 27 mil. d'épaisseur, frise, de 8 à 11, affleuré, 40 c.; de 11 à 15, 30 c.: de 20 à 22, 25 c.; plus-value pour 34 mil. d'épaisseur, 10 c.

Pose de parquet en feuilles, vieux ou neuf, de 34 à 40 mil. d'épaisseur, équarri et rainé, 90 c.; *id.* sans être équarri ni rainé, 60 c.

4° *Replanissage de parquets*, bois neuf, surface unie, sapin, 20 c.; chêne, 25 c.; surface arasée, 25 et 35 c.; pour vieux bois et travaux d'art, moitié en plus.

Tous ces prix ne sont applicables qu'à un travail à façon fait par un ouvrier proprement dit; ils augmentent d'un cinquième s'il s'agit d'un entrepreneur de pose de parquets traitant avec un entrepreneur de menuiserie; cette augmentation a lieu pour la fourniture des clous et la responsabilité du travail.

PAVEURS. — On prend pour apprentis des garçons paveurs intelligents âgés au moins de 16 ans, auxquels on donne dès le premier jour 2 fr. 75 à 3 fr.; au bout de cinq ou six mois ils ont le prix ordinaire.

On distingue pour la fixation des prix de journée plusieurs espèces de travaux: les travaux dans Paris, y compris les boulevarts extérieurs et les travaux hors Paris, les relevés-à-bout et les repiquages, les travaux dans les rues et les travaux dans les cours.—Relevés-à-bout, rues de Paris, chef d'atelier, 150 fr. par mois; premier compagnon, 4 fr. 75; compagnon paveur et dresseur, 4 fr. 50; garçon paveur, 2 fr. 50; ficheur, (un jeune garçon), 1 fr. 50. Les charretiers et les terrassiers sont payés au prix ordinaire (*Voy.* ces mots). — Repiquages, rues de Paris, ces travaux sont faits par des cantonniers paveurs au compte de l'administration, recevant par mois un salaire fixe tant en été qu'en hiver. — Pavés des cours, relevés-à-bout et repiquage, compagnon, 4 fr. en hiver comme en été.—Pavés des routes et des communes de la banlieue, compagnon, 3 fr. 50; garçon embauché sur les lieux, 2 fr. 25.

Les compagnons de la banlieue venant travailler à Paris ont 4 fr.; ceux de Paris travaillant hors Paris pour des entrepreneurs de la ville ne changent pas de prix, mais s'ils travaillent pour des entrepreneurs de la banlieue, ils doivent faire leurs conditions.

Les chefs d'atelier sont payés au mois, en hiver comme en été; le chef d'un atelier temporaire n'est payé au mois que jusqu'à dissolution de son atelier; il n'a pas droit au salaire complet du mois.

Toute heure faite en plus de dix heures est payée double; quant à l'indemnité de campagne, il n'y a aucun usage établi.

Quand l'ouvrier est renvoyé sur l'atelier à la fin de la journée, il n'a pas le droit d'exiger d'être payé sur-le-champ par le chef d'atelier; il ne peut que lui demander un bon de journées, qui devra être payé au bureau immédiatement.

Peu d'outils sont fournis par les ouvriers : le couperet, le marteau et la truelle par le paveur, une pioche et une pelle par le garçon du gros ouvrage, une pelle et une hotte par le garçon du petit ouvrage, une pelle par le dresseur.

On travaille rarement à la tâche, les principes en sont simples : le relevé-à-bout se compte au mètre superficiel; le repiquage par nombre de pavés. La dépose ne se compte pas séparément lorsque le pavé a été reposé. Les terrassements font partie du prix lorsque la hauteur du déblai ou du remblai ne dépasse pas 10 centimètres; des déblais plus considérables sont payés comme prix de terrasse. — La tâche la plus certaine est de prendre les prix de l'administration et de laisser à l'entrepreneur un dixième pour bénéfice et fourniture des équipages.

PEIGNES (Fabricants de).—Presque tous les ouvriers sont à leurs pièces, ils comptent par douzaines; ceux à la journée gagnent de 3 à 4 fr. 50 pour douze heures; le prix dépend de la spécialité et de la qualité de l'ouvrier. Voici les prix approximatifs des pièces et les diverses dénominations d'ouvriers pour les peignes à chignon : Aplatisseurs de cornes (voy. ce mot); coupeurs, 60 c. la corne: 75 c. le buffle ; retapeurs, 2 fr. 25 à 5 fr.; découpeurs pour les peignes percés et sculpteurs, conventions préalables ; polisseurs , de 75 c. à 1 fr.

PIÈCES (Être aux). — C'est être salarié à tant pour un certain travail ou une certaine quantité de travail exécuté ; être aux demi-pièces, aux trois-quarts, c'est être salarié la moitié , les trois quarts de ce qu'est salarié l'ouvrier à ses pièces. Les apprentis dans plusieurs professions sont ainsi payés dans les dernières années de leur apprentissage.

PIERRES. — Pour bien estimer la valeur du sciage ou de la taille des pierres, il est nécessaire d'en connaître la dureté. La pierre tendre absorbe beaucoup d'eau ; elle est feuilletée, micacée, grenue; la pierre dure soutient le choc du marteau ; elle a de vives arêtes. Des ingénieurs se servent d'un foret chargé d'un poids toujours égal, et, par le nombre de tours qu'ils sont obligés de faire pour obtenir une profondeur donnée , ils jugent de la dureté de la pierre soumise à leur appréciation.
Les lieux de provenance de la pierre n'indiquent pas toujours avec certitude son degré de dureté; il y a dans une carrière plusieurs sortes de lits , et, quelquefois dans un même banc et dans une même pierre, des qualités différentes. La vue de la pierre est donc le meilleur moyen de s'assurer de sa qualité.

PINCEAUTIERS. — Partie distincte de la brosserie. Dans les petits ateliers, un ouvrier fait et achève le pinceau , excepté le manche qui ne se fabrique pas à Paris; le prix de la journée est de 3 fr. 50 pour douze heures. Dans les grands ateliers. il y a trois sortes d'ouvriers : le faiseur de soie (fait le tri , bat , mélange et gratte), 3 à 5 fr. ; le tourneur (forme le pinceau), 4 à 6 fr. ; le monteur (met le manche, colle et finit), 4 à 6 fr. Les prix de façon sont payés sur des tarifs spéciaux pour chaque maison. Les ouvriers fournissent en général les ciseaux ; les peignes sont fournis par les patrons.

PIQUEURS de grès. — Préparent les pierres de grès nécessaires au pavage des rues, des trottoirs et des cours. Ils ont 5 fr. par jour; ne sont à la journée que pour des travaux extraordinaires ou qu'on demande plus soignés. Ils fournissent leur seul outil, le couperet.

On compte les pièces par cent, quelquefois au mètre superficiel. Le prix est basé sur la grosseur et la dureté du pavé, et sur le plus ou moins d'opérations qu'il faut lui faire subir (débosseler, ébaucher, fendre, smiller, piquer, tailler). Voici quelques prix ordinaires : gros pavés neufs, débosselage, 5 fr. 50; smillage, 7 fr.; piquage, 11 fr.; piquage bien soigné, 15 fr.; pavés vieux, taille au-dessous de 16 centimètres, 5 fr.; au-dessus, 6 fr.; pavés des trottoirs, 6 fr.; pavés des cours, en losange, 6 fr.; pour refendre et ébaucher seulement, 2 fr. (Voy. *Paveurs*).

PIQUEURS de meulières. — A la journée, 3 fr. 75. A la tâche, ils sont payés au cent ou au mètre superficiel; les prix dépendent de la grosseur et de la dureté de la pierre, du nombre de côtés à travailler et du genre de travail (ébousiner, équarrir, smiller ou piquer. Au cent pour smillage ordinaire de 2 fr. à 4 fr.; pour piquage, de 2 fr. 50 à 5 fr. L'ouvrier fournit ses outils (Voy. *Pierres* et *Piqueurs de moellons*).

PIQUEURS de moellons. — A la journée, 4 fr. A la tâche, le cent, moellons ordinaires, 4 fr. 50; lambourde, 4 fr.; roche, 5 à 6 fr. — Smillage, 2 à 4 fr., d'après le plus ou moins de propreté à donner à la pierre; le mètre superficiel de pierre tendre, 75 cent.; piquage cintré en banc franc, 5 fr. 50 — L'ouvrier fournit ses outils (Voy. *Pierres* et *Piqueurs de meulières*).

PLATRIERS — Travaillent tous à la journée de dix heures, qui commence à quatre ou cinq heures du matin; quelquefois un tâcheron se charge de la façon et rend à l'entrepreneur le plâtre au sac, moyennant un prix déterminé (Pour les prix de terrasse, voy. *Terrassiers*); carriers, coupeurs, 3 fr. à 3 fr. 50; tireurs de pierres, 2 fr. 50 à 3 fr.; fournier, 2 fr. 75, mais s'il fait plus que sa journée, il est payé double; dans d'autres fabriques, il est payé comme pour heures supplémentaires; approcheurs de bois, 2 fr. 50; la nuit, 1 fr. 50; batteurs, 2 fr. 25 à 2 fr. 50; manœuvres pour travailler au dressage et passer le plâtre au moulin, 2 fr. 50. — Le patron fournit les outils, excepté ceux de terrasse.

Le charretier de plâtre a des conditions particulières dans certaines fabriques; il commence à quatre heures du matin, fait trois voyages, reçoit par voyage 1 fr., 33 et 30 fr. par mois; s'il ne fait qu'un voyage, il a 4 fr. — Le marinier plâtrier a 100 fr. par mois; ses journées comptent même quand il ne travaille pas, mais il est souvent occupé nuit et jour.

POÊLIERS-FUMISTES. — La plupart des apprentis viennent de loin: dès leur entrée chez les patrons, ils sont utiles: ils ramonent, font les courses, servent les ouvriers; plus tard, remplacent des hommes de peine et finissent, selon leur aptitude, par remplacer des ouvriers dans l'atelier. Malgré les services rendus par ces enfants, il y a quelques patrons qui méconnaissent envers eux les lois de la justice et de l'humanité. La chambre syndicale des poêliers-fumistes a essayé de poser les règles du contrat d'apprentissage; mais il faudrait des lois sévères pour en extirper les abus.

Voici les principales règles du contrat: — La durée de l'apprentissage est de cinq ans; le salaire de l'apprenti, pour ces cinq années, est fixé à 240 fr.; le maître est tenu de donner à l'apprenti un habillement convenable, plus deux chemises, le tout à l'expiration des cinq années. En déduction du salaire viennent les avances que le maître a faites à l'apprenti pour frais de voyage ou autrement. L'apprenti venant du dehors est censé engagé dès qu'il a couché une nuit chez le maître. Quant à l'apprenti engagé à Paris, l'engagement devient définitif après l'expiration de la huitaine de l'entrée de l'apprenti, délai pendant lequel le maître et l'apprenti peuvent se dégager réciproquement. Si, durant l'apprentissage, l'apprenti fait de longues maladies, la perte est supportée par le maître lorsque la maladie résulte de blessures; si, au contraire, la maladie est chronique et se renouvelle plusieurs fois dans le cours de l'apprentissage, le maître peut exiger le remplacement du temps perdu, de manière à compléter les cinq ans.

Travail à la journée. — La plupart des travaux se font à la journée de onze heures en été ; du jour au jour en hiver ; le prix varie de 3 fr. 50 à 5 fr. ; l'ouvrier qui nettoie les appareils de chauffage, 3 fr. 50 ; le fumiste ordinaire, 4 fr. ; celui qui fait seul les corvées, 4 fr. 50 ; le constructeur de fourneaux et de calorifères, 5 fr. ; garçon, 2 fr. 50. Indemnité de campagne, 1 fr. 50 ; le garçon 1 fr. Dans plusieurs maisons, le travail de nuit est payé 1 fr. de plus ; une ou deux heures, comme pour le jour ; jusqu'à minuit, 50 c. ; dans d'autres, on ne paie pas plus que pour le travail de jour, mais dans ce cas, si peu qu'il y ait à faire on compte une demi-nuit, et un travail prolongé au delà de cinq heures, compte pour une nuit ; l'ouvrier passant la nuit est toujours nourri.

Dans les bâtiments neufs, on travaille aux pièces et à prix débattus ; une cheminée ordinaire se paie 2 fr. 50 ; dans un intérieur d'appartement, 3 fr. 50 à 4 fr.

On fait généralement la paye à la quinzaine ; dans quelques maisons au mois. L'ouvrier fournit les outils qui lui sont d'un usage continuel.

Comme la plupart des ouvriers logent dans les mêmes quartiers, on s'adresse, pour s'en procurer, chez les marchands de vins qui y ont un établissement. Les règles du congé ne sont point déterminées.

POSEURS. — Voyez *Maçons, Menuisiers, Mouluriers.*

POTIERS DE TERRE. — Ne sont de la compétence du Conseil pour les Industries diverses qu'autant qu'ils travaillent des poteries servant pour le bâtiment (Voy. *Briquetiers*).

Poteries de cheminées, tourner, la pièce 30 c. ; globes pour les plafonds, mouler et soigner, la pièce, 20 c.

PRIX DE FAÇON. — Prix déterminé pour la confection d'un ou de plusieurs objets, qu'elle ait lieu dans un temps plus ou moins long. Il est ordinairement basé sur le temps passé à fabriquer l'objet, ou une certaine quantité d'objets, par un ouvrier de force ordinaire (*Voy.* pages 41 et suiv.).

PRIX DE JOURNÉES. — Salaire compté sur le nombre d'heures de travail des ouvriers par jour, ou de jours de travail par semaine ou par mois. Ce salaire est payable par jour, semaine, quinzaine ou mois, selon les usages de l'atelier ou de la profession (*Voy.* pages 41 et suiv.).

Si l'on prend le temps moyen des prix de journées payés aux ouvriers des six catégories du Conseil, on trouvera le prix de 3 fr. 50 ; ce salaire peut être jugé bien insuffisant, même pour l'ouvrier qui ne subirait pas de chômage ; mais si l'on considère que les diverses professions du bâtiment ne travaillent qu'une partie de l'année, que les autres professions ne trouvent pas continuellement des travaux, qu'il faut perdre du temps pour en chercher et souvent aussi pour se faire payer ; si l'on considère en outre qu'il y a des dépenses d'outils et d'autres dépenses attachées à la profession, on descendra le prix de la journée moyenne à 2 fr. 50. Quant aux femmes, elles travaillent presque toutes dans les ateliers où l'on fait douze heures et gagnent prix moyen, 1 fr. 25.

PRIX MOYEN. — C'est le prix fixé par l'usage, les tarifs ou les règlements comme salaire de l'ouvrier ordinaire ; il est appliqué, soit à la journée soit au travail de l'ouvrier, en cas de non-convention contraire.

PUISATIERS. — Ouvriers foreurs de puits. — À la journée de 3 fr. et de 4 fr. d'après la profondeur du puits ; dans l'eau 5 fr. ; tourneurs de treuil et manœuvres hors du puits, 2 fr. 50. — Généralement on paie 5 fr. le mètre de fouille jusqu'à 20 mètres ; quand on rencontre la pierre, le prix double.

RAMONEURS. — On entend tous les jours crier dans les rues des jeunes garçons portant l'attirail nécessaire au ramonage, et suivis à quelques pas par un homme qui répète leurs cris. Ils ont été cherchés pour la plupart dans les montagnes de l'Auvergne, et amenés à Paris par un racoleur ; celui-ci paie à leurs parents 90 fr. à 120 fr. pour la saison du ramonage ou même pour l'année entière ; il les emploie lui-même ou les loue à d'autres.

Le prix du ramonage est de 40 c. par cheminée, s'il

y en a sept ou huit à ramoner par jour; il est de 50, 60 et 75 c., s'il y en a cinq, trois ou une seule.

RAMPISTES. — Profession spéciale et accessoire à la menuiserie en bâtiment. Prix de la journée ordinaire, 4 fr. 50.

Prix de façon. — Ces prix qui datent de 1830 sont encore applicables aujourd'hui. On compte par mètre, on mesure sur le côté le plus long. Main-courante, profil olive, polie à l'huile ou à l'encaustique, façon et pose, 2 fr.; profil à gorge, 2 fr. 30; profil à baguettes, 3 fr. 20. On déduit pour le débit, 15 c.; pour la prise de mesures, 15 c.; pour l'ajustage, 50 c. On paie pour deux filets incrustés, 1 fr. 20.; pour réajustage et raccordements de vieilles mains-courantes, 1 fr.; pour vernissage, de 15 à 30 c. Chaque volute se compte vingt centimètres en plus.

Pour travail en province, outre le voyage et le salaire à compter du départ, on paie 30 c. en plus par mètre; d'autres patrons paient 50 c. par jour.

RÉGLEURS. — Profession accessoire pour la fabrication des registres. Presque toujours à la journée de onze heures; les femmes reçoivent 2 fr 25; les mécaniciens à la réglure, 20 fr. par semaine, les hommes de peine (jeunes ouvriers qui reportent l'ouvrage), 10 fr. par mois couchés et nourris. Quant aux prix de façon, ils sont traités de gré à gré, et sont évalués d'après la complication de la réglure, le nombre des doubles et des couleurs.

RELIEURS. — A la journée de douze heures, l'ouvrier reçoit 3 fr. 25 a 3 fr. 50. On compte, dans les grandes maisons plusieurs sortes d'ouvriers qui ont chacun leur emploi; outre les plieuses, couseuses, etc. (Voy. *Brocheurs*), il y a le gréqueur, le pâteur, l'endosseur, le rogneur, le couvreur; dans les petites maisons un homme et une femme suffisent pour confectionner un volume.

Les ouvriers trouvent du travail par connaissances ou en s'adressant à des marbreurs; ils ne fournissent pas d'outils, n'ont pas de droit fixé par l'usage à une gratification pour travail de nuit; aussi doivent-ils, s'ils y

— 132 —

prétendent, s'entendre avec le patron pour l'obtenir ; il n'y a pas d'usage non plus pour le délai des congés, le patron renvoie pour le lendemain, comme l'ouvrier avertit ou n'avertit pas pour quitter sur-le-champ. La paye se fait à huitaine ou a quinzaine.

Prix de façon. — Les différents prix sont déjà indiqués au mot *Brocheurs* ; il reste encore quelques autres prix à indiquer. Coutures à deux ficelles, par cent, à l'atelier 7 liards ; en ville, 2 sous, mais l'ouvrière fournit le fil et la ficelle ; à trois ficelles, 2 sous un liard, et 2 sous et demi ; à quatre ficelles, 2 sous 3 liards et 3 sous. Cartonnage ordinaire, dos et plaf, avec le collage des gardes, 50 c. le 100.

Il y a quelques professions attachées à la reliure, elles s'exercent tantôt chez le patron relieur, tantôt dans des maisons spéciales.

Doreurs. — A la journée, 4 fr. 50 cent. à 5 fr. ; il y en a qui ont jusqu'à 8 fr. — Coucheuses d'or, 2 fr. à 2 fr. 50.

Marbreurs. — A la journée, 3 fr. 25 à 3 fr. 75 ; la plupart des marbrures se font chez les patrons marbreurs-papetiers.

Tranchefileuses — Aux pièces. pour fournir et poser, 2 c. et demi l'in-18, 4 c. l'in-12, 5 c. l'in-8° ; le prix le plus élevé est de 15 c.

ROCAILLEURS.—Ouvriers qui emploient des morceaux de meulière poreuse, de pétrifications et de coquillages, sur un crépi de mortier ou de ciment, pour orner des soubassements de murs, faire des grottes et autres travaux de décoration pour les jardins. Pour l'indemnité de voyage et les prix de journée, ils suivent les mêmes conditions que les maçons. L'ouvrier qui exécuterait des modèles de grottes, de fontaines ou de rochers, pourrait demander un prix plus élevé.

SABOTTIERS. — Peu d'ouvriers sabottiers existent à Paris ou dans la banlieue ; les sabots arrivent tout faits de la province, surtout ceux en bois tendre. On ne confectionne guère à Paris que des sabots à brides ou en bois dur, dont les prix de façon sont : pour les sabots d'homme, 20 c. ; de femme, 15 c. ; d'enfant, 10 c. pour chaque opération, tailler, creuser et parer. Dans les environs de Paris la confection se paie 35 c. bois tendre, 45 c. bois dur.

Pour les autres opérations, on compte par vingt paires; plisser pour homme, 1 fr. 50 ; femme, 1 fr. 25 : enfant, 1 fr.; plis variés, pour femme, 2 fr. ; sculpture, façon Mosselle, 2 fr., sculpture ordinaire, 1 fr.

SALAIRE. — *Voy.* page 41 et suiv.

SATINEURS. — L'ouvrier satineur est bientôt formé; il n'est occupé qu'à transporter et placer les papiers et les cartons, à serrer la presse, etc. Le prix de la journée est de 3 fr. pour onze heures.

SCIEURS A LA MÉCANIQUE.—Il faut distinguer les mécaniques mues à bras d'hommes et celles mues par la vapeur. Pour les premières, on emploie des journaliers à 2 fr. 50 ou 3 fr. par jour; pour les deuxièmes il y a le chauffeur, payé par mois, ordinairement à 125 fr.; le mécanicien, à 4 fr. 50 par jour ; les scieurs, à 4 fr. ; les hommes de peine, à 2 fr. 50; les charretiers, à 3 fr. Le travail dure douze heures sans interruption pour les scieurs.

SCIEURS DE LONG. — Ces ouvriers viennent pour la plupart de la province exercer leur industrie dans Paris et la banlieue; ceux qui se forment dans Paris se joignent à des hommes au courant de la partie ; avec un peu d'intelligence on est bientôt au fait de l'état.

Le fer de scie se paie 8 fr. 25 dont les 25 c. sont en plus pour l'affûteur. Quant aux prix de tâche, ils sont évalués sur le sapin et sur le chêne, par mètre linéaire ou par mètre superficiel. Par mètre superficiel, le chêne pour les bois de charpente se paie 65 c., le sapin 55 c. ; le patron retient 15 c. par mètre pour frais d'outils; dans les grands travaux, les prix de façon diminuent de 5 c. Les bois d'ébénisterie et de menuiserie sont débités, soit au mètre courant, soit au mètre superficiel, sur un prix fixé à l'avance; le patron retient 10 fr. pour 100 pour fourniture des outils. Le bois vieux se fait rarement à la tâche.

Quand les ouvriers sont à la tâche, il n'y a pas de différence entre eux pour le salaire : pendant que l'un affûte, l'autre équarrit. L'ouvrier à la tâche met en général sur les tréteaux ; il est aussi dans l'usage de chercher et de reporter chez la pratique le bois débité par lui, pourvu que le domicile du client ne soit pas trop éloigné ; du reste, ce devoir ne peut lui être imposé que dans les temps perdus. Mais il ne serait pas tenu de reporter le bois débité par l'ouvrier qui l'a précédé.

SCIEURS DE MARBRE.—Voyez *Marbriers.*

SCIEURS DE PIERRES.—On prend pour apprentis des jeunes gens robustes, âgés au moins de seize ans ; ils scient de suite, mais le maître surveille leur travail, a soin des outils, leur apprend à mesurer la pierre et à en calculer la superficie sciée ; au bout de trois mois, l'apprenti peut débiter seul.

A la journée, ce qui a lieu très-rarement, l'ouvrier reçoit 5 fr. ; il fournit ses outils dont l'usure est évaluée à 50 c. par jour ; le patron fournit le cric, les pinces, le plâtre et le grès. L'indemnité de voyage est de 50 c. à 1 fr. d'augmentation par mètre ; le transport des outils est fait aux frais du patron.

Prix de façon.—Le tarif qui va suivre a été combiné sur les prix payés par les meilleures maisons de Paris et sur ceux indiqués dans un tarif fait en 1848. On compte par mètre superficiel :

4 f.50 c. Toute espèce de pierres douces.

5 » Libage de Nanterre ; roche de Saint-Flambourg, 3e qualité ; pierre franche de Gournay, prèsBicêtre.

5 50 Roche franche de Montesson ; pierre franche de Vitry ; banc franc dit Royal.

6 » Roche de 2e qualité de Vitry ; roche à Gournay ; moulin franc ; roche de Saint-Flambourg, 2e qualité ; petit liais ; banc bleu de Charenton ; roche douce de Châtillon.

6 50 Roche de Saint-Maur et de Montsouris ; pierre de Saint-Nom haut.

7 » Roche de Saint-Flambourg, 1re qualité ; de

Nanterre , 2e qualité ; de Viroflay , dure de Vitry et de Montesson ; liais de Senlis ; moulin maigre ; roche de la Butte-aux-Cailles.

7	50	Roche à Dardan ; liais ordinaire ; banc gris de Vitry.
8	»	Roche du Bel-Air, de Villers-Cotterets ; basse de Vaugirard ; dure de Soissons ; cliquart ; roche de la Butte-aux-Alouettes
8	50	Liais dur ; roche de Bagneux ; roche de Nanterre.
9	50	Cliquart de Vaugirard et de la Jalousie ; roche du parc de Bercy.
10	»	Banc de cuivre de Charenton ; roche de Saint-Nom bas.
11	»	Liais de Picardie ; roche de Saint-Cloud.
14	»	Roche de Château-Landon.

Tous ces prix sont plutôt susceptibles de diminution que d'augmentation.

Chaque retournage est compté à raison de 1 fr. 25 pour 1 m. de hauteur sur 2 m. de largeur, et de 1 fr 50 pour 1 m. de hauteur sur 2 m. 60 et plus de longueur.

Toute coupe au-dessous de 15 centim. de hauteur est comptée comme 15 centim. de hauteur.

Chaque trait de 2 m. 65 de longueur à 3 m. 20, est compté à fois et demie ; de 3 m. 21 et au-dessus, est compté double et doit être fait par deux scieurs.

Dans un mariage, le métré est exécuté sur le morceau le plus haut et le prix fixé sur le morceau le plus dur.

Dans les marches de cave tournantes angulaires, ou traits de cette dimension, le métré est fait à trente centimètres à partir du bout le plus haut.

Lorsqu'un trait a été abandonné et que l'entrepreneur ou son représentant a invité l'ouvrier à rentrer au chantier et que celui-ci ne l'a pas fait immédiatement, l'entrepreneur a le droit de constater le travail fait et de faire continuer par un autre.

Aussitôt qu'un sciage est terminé, l'ouvrier doit appeler le patron ou son représentant, faire métrer la pierre en sa présence et faire inscrire le résultat dans son carnet. A défaut de carnet bien tenu, foi doit être ajoutée à celui du patron (Voy. *Pierres*).

SCIEURS DE PIERRES TENDRES.— C'est ordinairement un maître scieur de pierres tendres qui entreprend le sciage des entrepreneurs en bâtiment; il fournit la scie et paie 3 fr. 50 par jour.

La pierre tendre se paie, la lambourde, de 80 c. à 1 fr. 25; le Saint-Leu et le Vergelé, de 1 fr. 25 à 1 fr. 75; le Vergelé ferré, 2 fr. 25.

SCULPTEURS SUR BOIS.— Pour meubles et siéges. — C'est, avec celle des ébénistes, la profession dont les prix de façon et de journée sont tombés le plus bas, relativement à ce qu'ils étaient autrefois. Cependant on voit encore des sculpteurs hors ligne gagner 8 à 10 fr. par jour; un bon ouvrier gagne 5 fr.; le prix moyen est tombé à 3 fr. 50.

Le sculpteur traite le plus souvent aux pièces, par chaque objet ou par douzaines; on compte aussi au mètre courant, d'après la nature du travail. Pour évaluer un travail de sculpture, il faut compter à part les travaux faits par le menuisier, le tourneur et le moulurier. Il y a surcharge si le sculpteur a composé lui-même les ornements sans modèle ou sur un modèle fourni par lui. On compte la sculpture sur bois tendre, sur tilleul, un quart en moins que celle sur chêne; la sculpture sur chêne moitié en plus que celle sur pierre tendre.

SCULPTEURS-ORNEMANISTES. — Les apprentis donnent quatre ans à leurs patrons, dessinent et modèlent dans les trois premières années, et sont employés la quatrième aux travaux d'exécution.

On travaille à la journée ou à façon; le prix de journée est de 5 fr. dans les ateliers, 6 fr. dans les bâtiments; la durée de la journée est de neuf heures en été, point de veillées en hiver; il n'est fait d'heures supplémentaires que dans le cas de force majeure, alors elles sont payées un tiers en plus; la journée de campagne donne lieu à une plus-value à débattre.

Atelier complet de sculpture: chef 10 fr.; mouleur,

4 fr.; sculpteur, 6 fr.; aide-sculpteur, 3 fr. 50; poseur d'ornements, de 3 fr. 50 à 5 fr.

Les prix des travaux à exécuter sont calculés de manière que le minimum de la journée d'un sculpteur d'un talent ordinaire ne soit pas moindre de 6 fr.; les prix sont fixés avant de commencer, et si plusieurs sculpteurs doivent exécuter le même travail, ils doivent tous ensemble s'entendre avec l'entrepreneur; le prix d'un seul n'engage pas les autres.

On fait la paye tous les 15 jours au moins; le travail à la journée est payé intégralement à la quinzaine; les travaux aux pièces qui n'ont pu être réglés à la première quinzaine le sont à la quinzaine suivante.

Les sculpteurs fournissent leurs outils. Il n'y a point d'usage reconnu pour le congé; généralement on remercie à la paye.

STUCATEURS.—Ouvriers qui emploient du mortier fait de poudre de marbre tamisée avec de la chaux; leur journée est de 5 fr.; celle du polisseur de 4 fr.

TABLETIERS. — Partie importante des articles de Paris, la tabletterie occupe un grand nombre d'ouvriers qui ont fait un apprentissage plus ou moins long d'après l'espèce de travail à laquelle ils se vouent. La plupart sont aux pièces, qui s'évaluent, les moindres objets à la douzaine, les objets importants par unité. Les ouvriers aux pièces fournissent, le sculpteur les burins; le façonneur ses limes; à la journée ils ne fournissent rien. La journée est de onze ou douze heures, il n'y a pas de règle générale; les veillées commencent au 1er novembre et ne se prolongent pas au-delà de neuf heures. On donne le congé de huitaine.

Prix de journées. — Bois, façonneur et tourneur, 3 fr. 50; corne, façonneur, 3 fr. 50 (Voy. *Aplatisseur de cornes et peignes* : os, débiteur, façonneur et tourneur, 3 fr. 50; ivoire, débiteur, 6 fr.; façonneur et tourneur, 4 fr.; sculpteur, 4 fr. 50; guillocheur, 5 fr. Denteleur pour le peigne, 3 fr. 50. Les découpeurs et polisseurs sont toujours aux pièces.

TACHE, TACHERON. — *Voy.* p. 41 et 60.
Le mot *tâche* est encore employé dans certaines pro-

fessions pour désigner la quantité de travail que devra faire un apprenti dans la journée ou dans la semaine, afin de recevoir une certaine rémunération.

TAILLEURS DE GRANIT.— Si l'ouvrier fournit les outils, la journée est de 5 fr.— Pour le piquage à façon, on paie 9 fr. le mètre superficiel et 1 fr. 25 le mètre linéaire pour les joints.—Voy. *Trottoirs* (Entrepreneurs de).

TAILLEURS DE MARBRE.— Voy. *Marbriers.*

TAILLEURS DE PIERRES. — Corporation importante parmi les ouvriers du bâtiment, et qui y tiendrait un des premiers rangs si les rivalités de pays et de compagnonnage ne venaient pas trop souvent s'interposer dans les diverses transactions de la profession. La tâche surtout, offerte à des prix extrêmement bas, a porté un coup funeste au maintien des anciens prix de journée, qui sont descendus de 25 cent., et des prix de ravalement, acceptés quelquefois pour un gain de 2 fr. par jour, et même au-dessous.

Apprentis. — On fait peu d'apprentis à Paris: la plupart des ouvriers viennent de la province; cependant les ouvriers prennent quelquefois pour élèves leur fils ou leur parent, et les mettent peu à peu au courant de la profession en profitant de leur travail, moyennant une petite rémunération. Quelquefois aussi les apprentis sont au compte de l'entrepreneur, qui leur donne, au bout de quelques mois, 20 fr., puis 30, puis 50, et enfin le prix de la journée complet, en raison de leurs progrès et de leur force.

Embauchage.—Les tailleurs de pierres se divisent, comme beaucoup d'autres corporations de Paris, en *sédentaires* et en *ambulants;* les premiers habitent Paris toute l'année et y ont leur famille; ils s'embauchent par connaissance ou sur la place de Grève; les seconds se subdivisent en compagnons *passants,* dont la mère est rue de la Harpe, et en compagnons *étrangers,* dont la mère a son établissement rue Jean-de-l'Epine. Ces derniers, à leur tour, sont ou Limousins ou Normands, pour le plus grand nombre; il est rare de les voir mêlés dans les chantiers. On reconnaît encore des compagnons de l'*Union*, qui ont leur siége près de l'Hôtel-de-Ville. Les appareilleurs n'embauchent le plus souvent que des ouvriers de leur compagnonnage, de leur pays, ou logeant dans le garni qu'ils tiennent. Ce sont les sédentaires surtout qui ont le plus à se plaindre de cette manière de distribuer le travail.

Outils. — Les outils sont fournis par les ouvriers, à l'exception de la boucharde et du têtu, et des outils qui restent au chantier à la disposition de tous; l'usure est évaluée de 25 à 30 cent. par jour, selon la dureté de la pierre; les ouvriers sur chantier ont une heure de forge. Quelques patrons paient les dépenses de forge et ne diminuent pas pour cela le prix de la journée.

Prix de journée. — Il faut distinguer dans les tailleurs de pierre deux sortes d'ouvriers : l'ouvrier travaillant au chantier et celui qui travaille au ravalement; le premier est payé 4 f. 25; le second, 5 fr. — En général, le ravalement commence du moment où la pierre est posée à la place qu'elle doit occuper; mais si le tailleur de pierre pioche ou rustique, ébauche en un mot, il ne ravale pas, il taille; il n'est payé qu'à 4 fr. 50. Quant aux indemnités de nuit et de campagne et aux prix de journées, voy. *Maçons.*

Prix de tâche. — On compte au mètre superficiel ou linéaire, d'après la nature des travaux; on se base sur la dureté de la pierre, sur l'importance et la perfection du travail. Il faut distinguer aussi la tâche au chantier de la tâche au ravalement.

Tâche de chantier : dans ce travail on distingue la taille des lits et des joints de celle des parements; l'opération est payée d'autant plus cher que la pierre doit être bouchardée seulement, hachée, bretturée ou layée, et enfin ripée. Pour boucharder, on paie, parements, pierre tendre, 1 fr.; pierre ordinaire, 2 fr. 50; roche dure, 4 fr.; joints et lits, 60 cent. à 1 fr. 25. Pour layer, parements, Saint-Leu, 1 fr 25; Vergelé tendre, 1 fr. 50; lambourde, 1 fr. 75; Vergelé dur, 2 fr.; pierre dure, de 4 fr 50 à 6 fr. pour parements; de 1 fr. 25 a 2 fr. pour lits et joints; pierre de Château-Landon, 9 fr.

Tâche du ravalement : Il y a eu ces dernières années tant de différences dans les prix du ravalement à tâche, qu'il n'est guère possible de donner les prix vrais; seulement la tapisserie a été payée de 75 cent. à 1 fr.

40 ; les moulures, de 3 fr. à 4 fr. 50 ; évidement et taille des modillons sur 20 centimètres, de 3 fr. 50 à 5 fr.

TEMPS D'ESSAI. — Temps donné par le patron à l'ouvrier en l'embauchant, pour connaître sa capacité; ce temps ne doit pas dépasser huit jours. Dans le cas de non-convention, le prix moyen doit être appliqué aux journées du temps d'essai (*Voy.* page 43).

TERRASSIERS. — Ouvriers employés à lever les terres; c'est, dans tout le bâtiment, l'état qui exige le moins de temps d'apprentissage, et cependant un bon ouvrier terrassier, rompu dans la pratique de l'état, est apprécié par les entrepreneurs, et reçoit un salaire de 25 à 50 cent. de plus que les autres.

Travail à la journée, 10 heures; chef d'atelier, 4 fr.; chef de bricole, 3 fr. 25 ou 3 fr. 50; piocheurs, pêleurs et chargeurs, 3 fr.; rouleurs, régaleurs et pilonneurs, 2 fr. 50; taluteurs, 3 fr. 25; raffineurs et règleur niveleur, 3 fr. 50. Le travail dans l'eau se paie 50 cent. en plus; le travail de nuit se règle de gré à gré.

Travail à la tâche, par mètre cube : fouille de terre commune et végétale, très facile, jetée sur berge (le jet est de 1 mètre 50 centimètres à 2 mètres), 40 cent.; de terre sablonneuse, 60 cent.; de terre douce ordinaire, de terres rapportées, 80 cent.; de même terre mêlée de pierrailles, 1 fr.; de terre glaise ordinaire, 1 fr. 20; de terre forte, 1 fr. 30; de terre forte mêlée de pierres, 1 fr. 40; de tuf ordinaire, 2 fr.; de tuf très dur, 2 fr. 30; de roc ordinaire, 2 fr. 80.

Par banquette, 15 à 35 cent., d'après la dureté de la terre.

Charge dans la brouette, même prix. Transport à un relai (20 mètres en rampe, 30 mètres en plaine). 15 c.; jet de la berge dans la voiture, 20 cent.; regalage et remblai de terres non entassées ni pilonnées, 20 cent.; les mêmes pilonnées au fur et à mesure, 45 cent.; dressement et nivellement de terrains après les fouilles, par mètre superficiel, 5 cent.

Taluteur, sur terre, 15 cent.; sur sable, 4 cent.; sur cailloux, 50 cent. (1).

(1) Beaucoup de travaux de terrasse sont sous-entrepris par

TIREUR DE CAILLOUX. — Tirage, passage au crible, chargement ou changement de place, le mètre cube, 1 fr. 50.

TONNELIERS. — Les ouvriers viennent, pour la plupart, de pays vignobles: aussi fait-on peu d'apprentis à Paris; ceux que l'on forme sont nourris, couchés et blanchis, par le patron pendant trois ans; ils reçoivent une petite rétribution la deuxième et la troisième année; à la fin de l'apprentissage, s'ils restent chez leur patron, ils reçoivent un salaire de 20 fr. au moins par mois; le salaire de l'ouvrier ordinaire est de 30 fr. par mois quand il est logé, nourri et blanchi. Il y a des ouvriers payés à 45 fr. par mois. Le prix de la journée de douze heures est de 4 fr.

En été le travail a lieu de six à huit; en hiver, du jour à huit.

TOURNEURS EN CHAISES. — Dans les tourneurs sur bois, les tourneurs en chaises sont une spécialité assez importante pour avoir une mention séparée. Les ouvriers travaillent presque tous à leurs pièces, évaluées sur un prix moyen de 4 fr. par journée de onze heures. Le paye se fait chaque quinzaine pour les chaises de fantaisie; après chaque douzaine fabriquée, pour les chaises ordinaires et les chaises dorées.

On paie au cent : le refendeur, pour le petit bois,

des marchands de vins-traiteurs, domiciliés près de l'atelier, ou par des tâcherons; ceux-ci font construire sur l'atelier une cantine, et les uns et les autres n'embauchent que des ouvriers célibataires et des hommes dont les domiciles sont éloignés; les pères de famille du lieu où se font les travaux sont exclus! Les ouvriers qui ne vont pas chez ces sous-entrepreneurs manger et boire sont certains d'être *balancés*. Comme ils ont le profit de leur cantine ou boutique, ils prennent les travaux à un rabais excessif et empêchent ainsi la concurrence. Il suffit d'énoncer un pareil fait pour exciter l'indignation des honnêtes gens. Le Conseil des prud'hommes a fait tout ce qu'il a pu pour détruire cette spéculation coupable; il a infligé des blâmes sévères et publics, et a refusé d'admettre en compte des dépenses excessives, allant au-delà des bornes d'une alimentation ordinaire.

1 fr. 50; pour le gros bois, 3 fr.; le fabricant de traverses pour fantaisie, 2 fr. 25; le fabricant de dos, 14 fr.; le tourneur de pieds, 9 fr.; de pieds à nœuds, 10 fr.; à blason, 7 fr. 50; le fabricant de barres, qui découpe, chantourne et fait, 10 fr.

On paie à la douzaine : le fabricant de châssis, 3 fr. 75; l'arrondisseur de châssis, 2 fr. 50; l'arrondisseur de dos, 3 fr. 50; l'ajusteur, 1 fr. 50; le perceur de dos, 1 fr. 20.

Cent petits balustres ordinaires, en blanc, 7 fr.; façon cannelée, 8 fr.; vernis, 7 fr. Par douzaine, chaises légères, en blanc, 12 fr.; chaises à nœud, vernies, 6 fr.; façon polka, non vernies, 25 fr.; carrées et rentrées avec les petites barres à serpent, 21 fr.; sans poignées, 20 fr.; fausses anglaises, 14 fr.; à deux barres, la face carrée, 10 fr.; tabourets ordinaires, 4 fr. 80.

TOURNEURS SUR BOIS. — Les patrons ne sont, en quelque sorte, que des façonniers recevant, pour la plupart du temps, le bois préparé des menuisiers en antiquité, en bâtiment et en siéges, des ébénistes, des fabricants de billards, de chaises et de caisses de pianos.

Prix moyen de la journée de l'ouvrier, 4 fr.; aide tourneur, 2 fr. à 2 fr. 50 pour onze heures.

Le travail résultant de la tournure ne saurait être ni mesuré ni décomposé; les pièces ne peuvent être estimées que par voie d'assimilation, à l'aide de termes de comparaison. En 1849, les patrons et les ouvriers firent un tarif des prix de façon que tous s'engagèrent à suivre; quelque temps après, ce tarif n'était déjà plus en vigueur que dans quelques maisons : on sentit l'inconvénient de ne pas laisser débattre de gré à gré le prix de cette variété infinie d'objets qui sont faits par le tourneur, et qui sont susceptibles de revêtir chaque jour de nouvelles formes, et d'être travaillés avec plus ou moins de soins.

· Voici cependant quelques prix de façon, tels qu'ils sont encore payés : une colonne de table de famille, façon ordinaire, 4 fr.; une colonne de tabouret ordinaire, vis en fer, 1 fr. 50; une colonne de guéridon ordinaire, 1 fr. 25; un pied de casier, 20 c., un cercle de cuvette, 15 c.; une ceinture de lavabo, 25 c.; un croisillon d'étagère en blanc, 7 fr.; cent balustres d'étagère volante, vernis et percés, 12 fr.; cent entrées de serrures en détail, 5 fr.;

trois pieds de piano à queue ordinaire, 17 fr.; deux pieds de chaises en blanc, 25 c.; une chaise torse vernie, quatre pieds, 2 fr. 50 ; un fauteuil torse cambré, en quatre pièces, verni, 15 fr.

Les prix de tournure sur bois de chêne sont applicables à tous les bois qu'on emploie ordinairement. Les bois tendres n'offrent aucun avantage pour les ouvrages du tour; et même s'il fallait tourner un objet en sapin, il y aurait une plus-value, à cause de la difficulté que ferait éprouver la différence de densité renouvelée à chaque couche de bois.

TOURNEURS SUR PIERRE.— Les patrons sont au nombre de trois ou quatre dans Paris ; ils font ordinairement les balustres et les vases de pierre; les opérations des ouvriers consistent à mettre au point, tourner et finir (équarrir ou ravaler) ; l'ouvrier a le même salaire que le tailleur de pierres; le tourneur de roues a 2 fr. 50.

TREILLAGEURS (Menuisiers).—Cet état est exercé par un petit nombre de patrons proprement dits; les ouvriers deviennent patrons et ceux-ci deviennent ouvriers, d'après l'abondance ou le manque de travaux des uns et des autres.

Il se fait peu d'apprentis dans l'état; on prend des hommes de diverses professions et de préférence des ouvriers en bois; ils servent d'abord d'hommes de peine et reçoivent 2 fr. à 2 fr. 50 ; ceux-ci apprennent en voyant faire les autres, peuvent gagner 3 fr. au bout de trois mois, et au bout de six mois ils reçoivent la journée ordinaire, 3 fr. 50, qui est celle des menuisiers en bâtiment. Les jeunes gens de seize ans, pris comme apprentis, sont payés dès le commencement 1 fr. 50.

Indemnité de voyage, 50 c. quand l'ouvrier ne découche pas; 1 fr. quand il découche ; 1 fr. 50 à plus de cinq myriamètres de Paris. Les frais de voyage sont payés par le patron et les journées comptent du jour du départ.

On veille rarement dans l'état; l'indemnité se traite de gré à gré ; deux ou trois heures de veille se paient au prix ordinaire. La durée du travail est de six en six en été et du jour au jour en hiver ; on compte à l'heure et on paie chaque quinzaine.

Les ouvriers doivent avoir l'affûtage du menuisier ordinaire et les outils qui concernent particulièrement eur état, tels que tenailles, serpes, planes, marteaux, vrilles et gouges ; l'ouvrier manquant d'outils touche 25 c. de moins par jour.

La tâche s'évalue sur l'écartement des mailles, l'épaisseur des bois, les quantités plus ou moins fortes de treillage, la difficulté de l'exécution des dessins donnés par l'architecte.

La variété et les difficultés des travaux rendent presqu'impossible la confection d'un tarif qui s'essaie depuis longtemps. On traite donc de gré à gré, ou d'après les prix en usage dans l'atelier, surtout pour les berceaux. Voici cependant quelques prix qui peuvent servir de base d'évaluation : Pour replanir et faire la maille carrée de 29 à 32 centimètres, 2 c. et demi par mètre superficiel ; de 18 à 20 centimètres, 6 c. ; de 8 à 10 centimètres, 25 c. Pour la maille en losange, de 30 à 32 centimètres, 2 c. et demi par mètre superficiel ; de 18 à 20 centimètres, 5 c. ; de 8 à 10 centimètres, 12 c. et demi ; de 5 centimètres, 45 c.

TRIBUNAL DE COMMERCE.— *Voy.* page 13.

TROTTOIRS (Poseurs de). — La taille des bordures de grès se paie à la journée de 5 fr. ; à la tâche, par mètre courant, le grès débosselé se paie 35 à 40 c. piqué, bouchardé, 80 c. ; ciselé, 1 fr. 10 c. (les deux parements). Pose sur sable ou terre, 20 c. le mètre courant ; sur massif 30 à 40 c. ; les circulaires se paient double ; les joints se comptent séparément. Pavage en pavés ordinaires pour trottoir, le mètre superficiel, 35 à 40 c. (Voyez *Dalleurs* et *Tailleurs de granit*).

TUILIERS. — La tuile se fabrique dans les mêmes établissements que la brique et le carreau, mais la nature des terres qui environnent Paris ne permet pas d'en fabriquer dans le département de la Seine ; aussi quoique les fabricants de tuile soient rangés dans la sixième catégorie du Conseil, aucune cause de tuiliers ne s'est présentée à sa barre (Voyez *Briquetiers*).

USAGES, — Pratique constante de certains faits dans

les ateliers. Il y a des usages généraux qui se rappor-
tent à toutes les professions ou à tous les ateliers de la
même profession ; ils sont obligatoires pour tous à défaut de lois, de règlements généraux, de tarifs approuvés ou de conventions particulières. Les usages particuliers ne concernent que les ateliers où ils se pratiquent
et ne seraient pas obligatoires pour les ouvriers nouveaux, si l'on ne pouvait prouver qu'ils en ont eu
connaissance.

On appelle usages, dans la pratique du bâtiment, des
évaluations conventionnelles de certains ouvrages de
couverture, maçonnerie, menuiserie, etc., qui s'éloi-
gnent plus ou moins de la valeur réelle. Ils sont rarement reconnus aujourd'hui dans les mémoires de façon ;
on mètre pour ce que vaut réellement l'ouvrage.

VANNIERS. — Presque tous les ouvriers vanniers
travaillent aux pièces ; sont payés par objet ou par douzaine sur des prix faits depuis longues années. Les objets de commande sont payés à l'ouvrier 40 cent. par
franc sur le prix de vente. Ceux qui travaillent chez
le patron font douze heures, reçoivent leur salaire chaque quinzaine, et ne fournissent que les menus outils,
le poinçon, l'épluchoir, la batte, la serpette, etc. Le
prix moyen de la journée est de 3 fr. 50.

VERNISSEURS. — Sont employés chez les ébénistes,
fabricants de chaises, menuisiers en sièges, etc.; ordinairement à la journée au prix de 3 fr. 50. Quelques
femmes sont occupées au vernis; leur salaire se règle
de gré à gré.

Le vernisseur au tour est payé 7 fr. 50 le cent de
pieds ; 5 fr. le blason ; le vernisseur à la main, 10 fr. le
cent de dos; la chaise complète est payée 4 fr. 80 par
douzaine, fantaisie ; 2 fr. 50 ordinaire.

VOITURIERS.—Voyez *Charretiers.*

VOLIGEURS.—Ouvriers qui préparent les voliges et
les attachent sur la charpente du comble. C'est le plus
souvent l'ouvrier couvreur qui fait ce travail pour y

13

appliquer ensuite la tuile ou l'ardoise, faire les solives, les ruellées et autres plâtres qui dépendent des couvertures. L'ouvrier menuisier, qui non-seulement préparerait les solives, mais encore les attacherait, serait en droit de demander un supplément de salaire. Pour la pose par pièce, de 7 c. 1/2 à 10 c.

Supplément.

LOI DU 22 MARS 1841

Relative au travail des enfants employés dans les manufactures, usines ou ateliers.

Art. 1er. Les enfants ne pourront être employés que sous les conditions déterminées par la présente loi : 1° dans les manufactures, usines et ateliers à moteur mécanique ou à feu continu, et dans leurs dépendances ; 2° dans toute fabrique occupant plus de vingt ouvriers réunis en atelier.

Cet article n'énumère que les établissements qui sont de plein droit soumis aux prescriptions de la loi. Pour ceux de moindre importance, l'art. 7 autorise le gouvernement à les y soumettre par des règlements d'administration publique.

D'après les explications données par le rapporteur à la Chambre des Députés, la loi s'applique à tout établissement renfermant plus de vingt ouvriers, soit réunis en un seul atelier, soit répartis en plusieurs.

La loi ne concerne pas seulement certaines fabriques ; elle s'applique à tous les genres d'industries.

Quant au travail des enfants dans les mines, il est réglementé par un décret du 3 janvier 1813, dont l'art. 29 est ainsi conçu : « Il est défendu de laisser descendre ou travailler dans les mines, minières, les enfants au-dessous de dix ans. »

ART. 2. Les enfants devront, pour être admis, avoir au moins huit ans. De huit à douze ans, ils ne pourront être employés au travail effectif plus de huit heures sur vingt-quatre, divisées par un repos. — De douze à seize ans, ils ne pourront être employés au travail effectif plus de douze heures sur vingt-quatre, divisées par des repos. — Ce travail ne pourra avoir lieu que de cinq heures du matin à neuf heures du soir. L'âge des enfants sera constaté par un certificat délivré sur papier non timbré et sans frais, par l'officier de l'état civil.

La fixation de l'époque et de la durée des repos est laissée soit aux règlements intérieurs de chaque atelier, soit aux règlements d'administration publique, si la chose devient nécessaire.

ART. 3. Tout travail entre neuf heures du soir et cinq heures du matin est considéré comme travail de nuit. — Tout travail de nuit est interdit pour les enfants au-dessous de treize ans. — Si la conséquence du chômage d'un moteur hydraulique ou des réparations urgentes l'exigent, les enfants au-dessus de treize ans pourront travailler la nuit, en comptant deux heures pour trois, entre neuf heures du soir et cinq heures du matin.—Un travail de nuit des enfants ayant plus de treize ans, pareillement supputé, sera toléré s'il est reconnu indispensable, dans les établissements à feu continu, dont la marche ne peut pas être suspendue pendant le cours des vingt-quatre heures.

Il n'est pas nécessaire que le chômage s'étende à tout l'atelier ; il suffit pour que le travail d'un enfant puisse être reporté sur la nuit, que l'ouvrage soit suspendu dans la partie de l'établissement où cet enfant est occupé.

Ceux-là seuls qui n'auront pas travaillé le jour, ou qui n'auront pas travaillé le nombre d'heures fixés pour leur âge, pourront être occupés la nuit, les premiers pour fournir tout leur travail du jour, les seconds pour le compléter, mais toujours avec réduction d'un tiers dans la durée.

ART. 4. Les enfants au-dessous de seize ans ne pourront être employés les dimanches et jours de fêtes reconnus par la loi.

Cet article ne fait pas double emploi avec la loi du 18 novembre 1814, sur l'interruption des travaux les dimanches et jours de fêtes. La loi de 1814 ne défend que les actes extérieurs de commerce et de travail, et par conséquent n'a aucun rapport au travail qui s'exécute dans l'intérieur des manufactures ou ateliers.

D'un autre côté, cet article ne fait pas obstacle à ce que les enfants remplissent, les dimanches et jours de fêtes, certaines obligations, comme le rangement de l'atelier, le nettoyage des outils, etc.; mais ils ne doivent y être employés que dans la matinée, et quelques heures seulement.

13.

ART. 5. Nul enfant âgé de moins de douze ans ne pourra être admis qu'autant que ses parents ou tuteur justifieront qu'il fréquente actuellement une des écoles publiques ou privées existant dans la localité. Tout enfant admis devra, jusqu'à l'âge de douze ans, suivre une école. —Les enfants âgés de plus de douze ans seront dispensés de suivre une école, lorsqu'un certificat, donné par le maire de leur résidence, attestera qu'ils ont reçu l'instruction primaire élémentaire.

ART. 6. Les maires seront tenus de délivrer au père, à la mère ou au tuteur, un livret sur lequel seront portés l'âge, le nom, les prénoms, le lieu de naissance et le domicile de l'enfant, et le temps pendant lequel il aurait suivi l'enseignement primaire. — Les chefs d'établissement inscriront, 1° sur le livret de chaque enfant, la date de son entrée dans l'établissement et de sa sortie ; —2° sur un registre spécial, toutes les indications mentionnées au présent article.

Cette disposition ne soumet pas les enfants à la législation relative aux livrets des ouvriers. La loi entend laisser au gouvernement le soin de déterminer la forme des livrets dont il s'agit, les règles à suivre pour leur délivrance et leur renouvellement.

ART. 7. Des règlements d'administration publique pourront, — 1° étendre à des manufactures, usines ou ateliers, autres que ceux qui sont mentionnés dans l'art. 1er, l'application des dispositions de la présente loi ; — 2° élever le minimum de l'âge et réduire la durée du travail déterminés dans les articles deuxième et troisième, à l'égard des genres d'industrie où le labeur des enfants excéderait leurs forces et compromettrait leur santé ;—3° déterminer les fabriques où, pour cause de danger ou d'insalubrité, les enfants au-dessous de seize ans ne pourront point être employés ; — 4° interdire aux enfants, dans les ateliers où ils sont admis, certains genres de travaux dangereux ou nuisibles ;—5° statuer sur les travaux indispensables à tolérer de la part des enfants, les dimanches et fêtes, dans les usines à feu continu ;—6° statuer sur les cas de travail de nuit prévus par l'article troisième.

Art. 8. Des règlements d'administration publique devront, — 1° pourvoir aux mesures nécessaires à l'exécution de la présente loi ; — 2° assurer le maintien des bonnes mœurs et de la décence publique dans les ateliers, usines et manufactures ; — 3° assurer l'instruction primaire et l'enseignement religieux des enfants ; — 4° empêcher, à l'égard des enfants, tout mauvais traitement et tout châtiment abusif ; — 5° assurer les conditions de salubrité et de sûreté nécessaires à la vie et à la santé des enfants.

Art. 9. Les chefs des établissements devront faire afficher dans chaque atelier, avec la présente loi et les règlements d'administration publique qui y sont relatifs, les règlements intérieurs qu'ils seront tenus de faire pour en assurer l'exécution.

Art. 10. Le gouvernement établira des inspections pour surveiller et assurer l'exécution de la présente loi. Les inspecteurs pourront, dans chaque établissement, se faire représenter les registres relatifs à l'exécution de la présente loi, les règlements intérieurs, les livrets des enfants et les enfants eux-mêmes : ils pourront se faire accompagner par un médecin commis par le préfet ou le sous-préfet.

La création d'inspecteurs spécialement chargés de constater les contraventions à la présente loi n'établit pas une exception au droit commun. Les officiers de police judiciaire conservent toujours leur action ; ils peuvent pénétrer dans les manufactures et ateliers, non pas dans tous les cas d'inspection, comme les inspecteurs spéciaux, mais lorsqu'il y aura contravention dénoncée, une plainte à constater, un fait à vérifier.

D'après l'art. 10 de la loi du 18 mars 1806, les Prud'hommes sont spécialement chargés de constater, d'après les plaintes qui pourraient leur être adressées, les contraventions aux lois et règlements nouveaux ou remis en vigueur ; il faut qu'il y ait plainte formée par les parties intéressées ; les Prud'hommes constatent le fait, mais ne peuvent en connaître comme juges de police ; le procès-verbal doit être envoyé au procureur de la République.

Art. 11. En cas de contravention, les inspecteurs dresseront des procès-verbaux, qui feront foi jusqu'à preuve contraire.

Art. 12. En cas de contravention à la présente loi ou aux règlements d'administration publique rendus pour son exécution, les propriétaires ou exploitants des établissements seront traduits devant le juge de paix du canton et punis d'une amende de simple police qui ne pourra excéder 15 fr. — Les contraventions qui résulteront soit de l'admission d'enfants au-dessous de l'âge, soit de l'excès de travail, donneront lieu à autant d'amendes qu'il y aura d'enfants indûment admis ou employés, sans que ces amendes réunies puissent s'élever au-dessus de 200 fr. — S'il y a récidive, les propriétaires ou exploitants des établissements seront traduits devant le tribunal de police correctionnelle et condamnés à une amende de 16 à 100 fr. Dans les cas prévus par le paragraphe second du présent article, les amendes réunies ne pourront jamais excéder 500 fr. — Il y aura récidive lorsqu'il aura été rendu contre le contrevenant, dans les douze mois précédents, un premier jugement pour contravention à la présente loi ou aux règlements d'administration publique qu'elle autorise.

Il est possible que la contravention ait été commise, à l'insu du propriétaire ou exploitant de l'usine, par le contre-maître chargé de le remplacer. Mais, comme le maître est civilement responsable du fait des personnes qu'il emploie, la loi le soumet directement aux poursuites; bien entendu que sous le rapport criminel la responsabilité ne peut atteindre que l'agent qui a commis la contravention.

Il y a contravention à l'art. 12 lorsqu'un chef d'établissement reçoit dans ses ateliers des enfants qui n'ont pas reçu l'instruction primaire élémentaire et ne suivent pas les écoles, quand même il aurait donné des ordres pour qu'ils y fussent envoyés.

Table des matières.

DU LIVRET.

DU CONTRAT DE LOUAGE D'OUVRIERS.

STATISTIQUE.

RECUEIL DE RENSEIGNEMENTS,

Par ordre alphabétique, sur les prix

LOI

FIN DE LA TABLE.

Table analytique.

A.

— 160 —

M.

N.

O.

Contrat de louage d'ouvrage.(V. Louage d'ouvrage.)

Définition, 120.

Délits touchant l'ordre et la discipline de l'atelier; compétence, 9.

Division en deux classes, 120.

Livraison du travail ; retard, rabais, 37

Louage d'ouvrage (Voy. ce mot.)

Propriétaires; action, 52.

Prud'hommes, entrée comme membres titulaires dans les conseils, 3.

Responsabilité, 45.

Salaires; fixation, 40; paicment, 38.

P.

Paye, 121.

Pailleuses, 122.

Papetiers, 122.

Paquetiers, 93.

Parapluies (Fabricants de), 122.

Parqueteurs, 123.

Patente, ne constitue pas l'entrepreneur, 61.

Patrons; livrets, droits et obligations, 30 et suiv. (Voy. Apprentis, Apprentissage, Livrets, Ouvriers, Prud'hommes, Salaires, etc.)

Paveurs, 124.

Peignes(Fabricants de),125.

Perte de la chose, responsabilité, 44.

Pièces (Être aux), 126.

Pierres, estimation du sciage et de la taille, 126.

Pierres (Casseurs de), 83.

Pinceautiers, 126.

Pinceur, 112.

Piqueurs de grès, 127.

Piqueurs de meulières, 127.

Piqueurs de moellons, 127.

Plâtriers, 127.

Plieuses. (Voy. Brocheuses.)

Poêliers fumistes, 128.

Polisseur, 115.

Poseurs, 112, 117, 119.

Poseurs de lambourdes, 123.

Potiers de terre, 129.

Prescription des actions, apprentissage, 22; louage d'ouvrage. 54.

Privilége ; des ouvriers, 55 et suiv.; en cas de faillite du patron. 58.

Prix de façon,129. (Voy. les articles relatifs aux différentes professions.)

Prix de journée, 130. (Voy. les articles relatifs aux différentes professions.)

Prix moyen, 130.

Propriétaire ; compétence, 7; action des ouvriers, 52.

Prote, 94.

Prud'hommes (Conseils de),

Appel des jugements, 13.

Apprentis ; manquements graves envers leurs maîtres; compétence, 9.

Attributions, 6 ; civiles, 6;

R.

U.

V.

FIN DE LA TABLE ANALYTIQUE.

www.ingramcontent.com/pod-product-compliance
Lightning Source LLC
Chambersburg PA
CBHW072349200326

41519CB00015B/3714